SOCIAL
SELLING
HACKER

página
intencional
mente
dejada en
blanco

SOCIAL SELLING HACKER
por Andrés Vrant +

Derechos Reservados© 2018 Andrés Velásquez | Andres Vrant.
Publicado por THE INK COMPANY Publishing, Inc. division de The
INK Company, 1000E. Madison St. R. 118 Springfield, MO 65897

Los libros de esta misma podrían ser adquiridos para uso educacional,
comercial, o promocional. Las ediciones en línea están también
disponibles para la mayoría de los títulos - Para obtener más
información, póngase en contacto vía Whatsapp +57 315-4186715

Historial de Impresión: Julio / 2018, Primera Edición DIGITAL

ISBN: 9781081408268
...

AUTOR

Andrés Vrant, (nombre real | apellido inventado) nació entre las últimas camadas de la generación "x" y entre las primeras de la generación "y", por eso a veces parece sufrir una crisis de identidad generacional. Fue criado en Latinoamérica pero vivió en seis países mientras estudiaba o trabajaba. Titulado en Psicología de una Universidad Jesuita donde se concentró en Ciencia Cognitiva; después de esto, consiguió su Maestría en Publicidad de una Universidad Europea concentrándose en Persuasión Humana. Fue becario del Departamento de Estado de US para un *Fellowship* en Investigación e Innovación de la Universidad Estatal de Missouri en misión para la Cámara de Comercio de la ciudad de Springfield (no, no es la ciudad de los *Simpsons*), también está Diplomado en Comunicación de Mercadeo del Dale Carnegie *Institute*. En 2011 empezó con su propia empresa (*The* INK *Company*) a través de la cual se proveen soluciones en "*Social Selling*" y "Content Marketing". Desde 2011 es co-fundador y consultor adjunto de Innovación de ´La Corporación LID´. Se considera un experto en procesos de *branding* y un especialista en proyectos que involucran Internet para la Innovación pero siempre tiene una actitud abierta al aprendizaje.

CONTENIDO / INDICE

INTRO ... 7

MARCA PERSONAL
Marca Personal: Comprométase con la Venta Social ... 21

VENTAS EN LA ERA DIGITAL
¿Compraría de su Compañía? ... 28
Así que Quiere Ser un Administrador de Ventas? ... 34
Cómo Pueden los Gerentes de Ventas Hacer Menos Gestión ... 41
Reunión de Inteligencia de Fuente Humana para Equipos de Ventas ... 47
¿Cómo Lanzar un Vendedor Promedio al Estrellato? ... 53
Objetivos de Ventas: ¿Controla su Propio Destino? ... 59
Recordando la Llamada en Frío (+100 Años Vigente) ... 66
Cómo Usar Comentarios para Comenzar Conversaciones con Prospectos ... 74
6 "Firestarters" para Calentar Prospectos ... 80
5 Consejos para Evitar que sus Prospectos de Ventas Desaparezcan ... 89
5 Consejos para Enviar Correos Efectivos Fríos ... 96
Los Desafíos de Construir un "Pipeline" de Ventas ... 102
3 Consejos para Imprimir sus Ventas Prospectando con "Pipelines" ... 108
Cuando la Confianza hace la Diferencia en el Proceso de Venta ... 116
Lo Bueno y lo Malo del Estilo de Venta de Gil Gunderson* ... 123
Enfermedades Mortales en Ventas, y cómo Prevenirlas ... 129
Solución Sin Sudor para una Mayor Productividad de Ventas ... 140
8 Maneras Probadas de Sobrepasar sus Metas de Ventas ... 147
El Ecosistema de Transformación Digital ... 153
El ROI Real de los Medios Sociales ... 160
La Nueva Fórmula para Conectarse con Compradores B2B ... 165

EL EJE DE LA VENTA SOCIAL
El Surgimiento de la Venta Social ... 172
Por qué Comenzó la Venta Social ... 183
¿Son las Ventas Sociales la Nueva Venta? ... 191
*Venta Social **101*** ... 197
Construyendo una Metodología de Venta Social ... 211
Mejorar cada Etapa del Proceso de Ventas con la Venta Social ... 215
Cómo los Vendedores Sociales Mantienen el Enfoque ... 222
Hagamos una (mejor) Oferta con la Venta Social ... 229
El Comienzo de la Era de la Venta Social ... 235
"Lo Que Debe" y "Lo Que No debe" Hacer en la #Ventasocial ... 242
5 Habilidades de Ventas Esenciales para la Era Social ... 249
Consejos de Venta Social: Sincronice con 11 Nuevas Alternativas ... 257
Cuando Digo 'Ventas Sociales', lo que Quiero Decir es 'Proporcionar Valor' ... 264
Salvador Dali y el Arte de la Venta Social ... 273
La Evolución de la Venta Social ... 279
El Pequeño Correo Rojo de la Venta Social ... 287
¿Morirá la Venta Social? ... 318

MERCADEO DE CONTENIDO PARA LA VENTA SOCIAL
¿Qué Clase de Contenido Aman los Compradores? ... 329
Mercadeo de Contenido: El Esqueleto Clave de la Venta Social ... 335
Los 5 Beneficios del Uso del Contenido para Ventas Sociales ... 349

LINKEDIN EN EL CONTEXTO DEL SOCIAL SELLING
La Técnica del Espejo Funciona en la Era de Linkedin ... 357
"Cómo Conocí mis Prospectos" (HIMMP) en Redes Sociales como Linkedin ... 363
Considere Acelerar su "pipeline" con el Navegador de Ventas ... 368

REFERENCIAS ... 371

INTRO

→

➜¿CÓMO LAS REDES SOCIALES HAN APOYADO MI PROPIA TRANSFORMACIÓN EN LA IMPLEMENTACION Y ADOPCION DE LAS VENTAS EN LA ERA DIGITAL Y LA VENTA SOCIAL

Cuando era niño, quería ser científico o mago. No era muy disciplinado con los trucos aunque le hacia algunos a mis amigos e investigaba mucho. Mi primeros *kits* de magia fueron un mundo extraordinario para mí e incluso invente algunos trucos propios o modifique los que venían en la caja. Muchos trucos terminaron arruinándose con el tiempo y aunque conservo la mayoría de estos trucos y también un microscopio de mi "fase" científica como *souvenir,* no me convertí ni en científico ni en mago.

Y no fue sino hasta que cumplí 33 años que supe que quería estar en la tecnología. No sabía lo que quería hacer exactamente pero sabía que quería que fuera algo tecnológico.

Creé una *Start-Up* de Investigación de Tendencias de Consumo e Innovación que nos vimos obligados a mutar después de un proyecto en Estados Unidos y luego de 3 años al equivocarnos con el *"product-market" fit*, esto terminó evolucionando en una compañía que provee soluciones basadas en la aplicación de redes sociales, específicamente para gestión de marca y gestión de ventas, hoy, adicionamos un componente de entrenamiento que es fundamental en el modelo, y hace poco empezamos a pilotear como servicio, la implementación y adopción de una herramienta tecnológica para *selling* y otra para *branding*. Al "final" terminé trabajando con tecnología, tal como lo había planeado.

En el año 2006 había abierto una cuenta en *Linkedin*, confieso que lo hice torpemente, a ciegas y sin un propósito claro pero descubrí al poco tiempo que esto sería parte de la revolución que vivimos. No nos demoramos en identificar nuevos caminos. Fue una puerta de entrada (incluso antes de Facebook) para hacer crecer mi identidad profesional, mantenerme conectado y obtener conocimiento valioso sobre mi industria, mi sector y los jugadores clave.

En 2013, entré en "escena" con un *Webinar* sobre Marca Personal en Redes Sociales para convertirme en una de las voces de la gente que están aprendiendo una nueva forma de hacer negocios, hacer ventas y construir marcas. Aproveché el *momentum* digital porque sentí que tenía algo valioso que ofrecer. Con trabajo consistente, conceptos como *personal branding, boolean search, social selling* y *content marketing*, empezaron a salir de la oscuridad, volverse parte de la voz y la cultura popular en la arena digital. Habíamos empezado a "salir de la oscuridad".

Me complace saber que he creado contenido de valor para impactar las ventas. Descubrí que mi comprensión de las redes sociales, la curiosidad por las nuevas herramientas y el uso práctico de temas en tendencia, se habían convertido en fuente de inspiración para mí y para las empresas para las que trabajaba.

Más recientemente empecé a "poner en papel" conocimiento y experiencia acumulada de años y años. Este ha sido uno de los hitos de mi vida, empezar a publicar libros y hablar sobre los temas que más me importan actualmente sin esperar autorización o aprobación (como el *social selling* y el *content marketing*). Descubrí una vena prolífica y mientras eso ocurría tuve la oportunidad de trabajar con muchos equipos en temas cruzados, sobretodo, relacionados con *Linkedin*, aunque ahora, abandonando un poco ese enfoque tan especifico, se ha convertido más en evangelismo practico sobre las ventas sociales y el mercadeo de contenido y contribuyendo con esto a aclarar el discursos global en torno a esas temáticas y sus derivaciones.

He tenido el privilegio de hablar y reunirme con personas de 4 continentes y de muchos países (cerca de 50 al momento de escribir esto), he sido invitado a hablar públicamente fuera de mi país y me he reunido con empresas reconocidas en mi región. Incluso, gente que nunca conocí en persona ahora son amigos o socios, ayudando así a tener un nombre asociado a algo que era importante para mí. Me gusta pensar que le hemos ayudado a varias empresas y emprendedores a aprender y aplicar herramientas tecnológicas para mejorar sus marcas y mejorar sus ventas.

Si alguien me hubiera preguntado al entrar a la universidad o salir de ella años después si hubiera pensado que esto era posible, me habría gustado oírlo pero tendría mis dudas.

Aunque no hice realidad los sueños de mi infancia como la magia divertida o la ciencia dura, mis pasiones iniciales se han transformado en una forma nueva de comprender el comportamiento humano, utilizando elementos básicos para crear nuevos procesos y ayudar a las personas a crear contenido e impulsar sus ventas… es el éxito inadvertido que viene de utilizar apropiada y consistentemente las redes sociales.

He construido algunas relaciones increíbles a lo largo del camino y, cada siguiente año, enfrento un nuevo desafío con la expectativa de transformarme aún más.

Alguna vez oí que hacer un gran cambio en la vida es aterrador, pero es más aterrador lamentar no haberlo hecho.

La cultura de emprendimiento se basa en la transformación del ser, la empresa y el mundo. Me he transformado gracias a la decisión de haber emprendido. Aunque he tenido mis dudas, el camino emprendedor a pesar de ser menos estable en apariencia, es más luminosos y más satisfactorio.

A finales de 2017, decidí re-enfocar por segunda vez, mi empresa hacia una propuesta de valor o un modelo de negocio más rentable, sostenible y de ser posible, rápidamente escalable y fácilmente automatizable.

No creo que vaya a ser fácil. Es un nuevo ciclo de aprendizaje. Es difícil además, quitarse etiquetas.

Las personas que han implementado y adoptado lo digital y se han hecho fluidos en el uso de herramientas especializadas como en mi caso fue *Linkedin*, empiezan a obtener una visión más clara de las oportunidades latentes en el mundo. Lo digital tiene una capacidad única de transformar y proporcionar una increíble riqueza de conocimiento.

Hay una cosa que escucho una y otra vez que me inspira a asumir nuevos desafíos, salir de nuevo de mi zona de confort y ser fuerza impulsora de lo que está por venir.

¿entonces, ahora qué?

Lamentaría no aceptar un desafío digno. Vamos por una audiencia más grande. La infraestructura está aquí y cada día es mejor, pero saber qué se debe hacer para aprovecharla es un poco más difícil.

En el proceso, quiero escuchar de todos ustedes. Denme su opinión, háblenme, cuéntenme para poder seguir ayudando a sus ventas con contenido y así iluminar mucho más su camino a los resultados.

CONEXIÓN CON EL COMPRADOR DIGITAL USANDO LA VENTA SOCIAL

Los compradores modernos de hoy en día son sofisticados y autodidactas. En la era digital, para que las ventas sean efectivas, deben estar activas en las comunidades en línea donde sus clientes están dedicando tiempo. Esto significa tener presencia en redes sociales claves, donde los compradores están hablando y haciendo preguntas en las que los profesionales de ventas pueden participar. No digo que los vendedores necesiten estar activos en estas redes sociales con el único propósito de lanzar sus productos o servicios. La venta social en su forma más pura se basa en la capacidad de los profesionales de venta para conectarse y comprometerse con estos tomadores de decisiones.

MENSAJES FRÍOS, PÉRDIDAS DE VENTAS Y EMBARRADAS CLASICAS DE LA ERA DIGITAL

Probablemente haya oído hablar de un *"Don Nadie"* mal informado vendedor que envió un correo electrónico erróneo a un alto ejecutivo de Amazon.

Cuando leí sobre eso en una publicación, confieso que lloré y me burlé un poco. Primero porque sé lo que es enviar correos electrónicos fríos y, a veces, son contraproducentes (la investigación adecuada y la personalización se perdido en muchos casos). Segundo, porque estaba claro "quién" había enviado el correo electrónico. No debatiremos si debe haber anonimato en el nombre o no.

Se señaló, por ejemplo, que no había ningún perfil de *LinkedIn* para *ese personaje*. Efectivamente, no lo hay. Eso no fue demasiado sorprendente, *empresas tecnológicas tan poderosas* pueden ocultar perfiles o ponerlos en algún limbo del servidor a su discreción. Podríamos detenernos ahí. No lo hice. Al ejecutar el nombre del remitente del correo electrónico en la historia a través de *Google* fue entonces cuando se puso interesante.

¿Cómo podría ser que los únicos resultados para esta persona estén relacionados con la historia anterior?. Eso es peculiar. ¿Es posible que este sea solo otro ejemplo de noticias falsas que hacen titulares?

No es posible encontrar nada sobre esta persona en línea, <u>eso ya es una bandera roja</u>.

Y esa, es precisamente la lección más importante:

> *No existir en Internet ya en sí mismo es un error para el **social selling**.*

~

MARCA
PERSONAL

Marca Personal: Comprométase con la Venta Social

La marca personal es un gran tema y es importante dedicar tiempo a centrarse en la "fidelidad" de su marca y en cómo puede aumentar su visibilidad.

"No es el tamaño de su red, sino cómo la usas"

Independientemente de si su red es de 100 personas o 1000, tiene la oportunidad de construir su marca. ¿Cómo usas su red? ¿Lo dejas como un número o lo aprovechas?

Use sus actualizaciones de estado para activar su red. Estamos viendo un aumento en los medios enriquecidos que se utilizan en las actualizaciones de estado. *Tara Hunt* hizo una publicación en donde discutió el fenómeno de los acertijos matemáticos que se agregan a las actualizaciones de estado de *LinkedIn*.

No sé si esto es un fenómeno o simplemente una evolución de cómo las personas se involucran en la red. Ahora que las personas pueden agregar *rich media* a sus actualizaciones, tenemos la oportunidad de salir de la corriente típica de enlaces compartidos y otras actualizaciones de estado que se publican. En este caso, utilizar los medios enriquecidos es una excelente manera de obtener un compromiso rápido de sus conexiones y, de hecho, extender su actualización a un grupo de personas mucho más grande de lo que normalmente tiene acceso.

Los memes parecen fuera de lugar porque generalmente no se ve publicar memes en RRSS como *LinkedIn*, pero creo que es por eso que es una distracción bienvenida. El efecto resultante no era esperado. Cuando digo viral, no estamos en la categoría, pero en lo que respecta a las actualizaciones de *LinkedIn*, esta es, por mucho, la mayor exposición y el alcance que he visto actualizaciones de estado individual.

> *La plataformas de RRSS están diseñadas para la viralidad.*

A veces, la simpleza de un meme es lo sorprendente, la razón por la que se ve tanta participación en esto es que las RRSS realmente impulsan contenido hacia nuevas audiencias.

Cuando la actualización se comparte o gusta, la se publica en el flujo de actividad de la persona comprometida. Esto es lo que permite a las personas de su red ver la publicación y luego dar "me gusta" o dar "compartir" también. Es por eso que se empiezan a ver cada vez más conexiones de tercer nivel comprometidas, algo que raramente, si alguna, es posible ver. Este es también el motivo por el que, después de publicar la imagen un lunes por la mañana, sigo viendo personas que la comparten hoy y probablemente mañana.

Es una llamada de atención para los especialistas en mercadeo que intentan descifrar lo que se ha llamado "el Código LinkedIn".

CÓMO APROVECHAR ESTE COMPROMISO

Entre todas las acciones que se pueden encontrar en una red, contarías más de 500 personas que se han comprometido con algún contenido. A veces, cuando hago este ejercicio, hago todo lo posible para conectarme o enviar un mensaje a las personas a quienes les gustó o compartieron una pieza de contenido. En un día, he encontrado la manera de conectarme con cientos de otros profesionales, algunos de algunas compañías de nombre o reputación conocida.

Pero no, no. La idea no es crear el contenido, obtener compromiso y luego comenzar a lanzar su producto. La idea es que compartas grandes cosas y luego uses el compromiso para expandir su red. Empuje las barreras de su red de segundo grado y luego conéctese con un grupo más grande de profesionales que pueden agregarle valor.

~

VENTAS EN LA ERA SOCIAL

¿Compraría de su Compañía?

Barbara Giamanco le lanzó un desafío a ejecutivos de mercadeo, ventas y servicio al cliente:

Finja que es el cliente potencial de su empresa. Siga cada paso del proceso de compra tal como lo haría el comprador. Deje su sitio web aparte. Revise cuidadosamente sus mensajes de mercadeo en redes sociales. Haga una llamada al departamento de ventas y experimente lo que se siente al tener sus características, beneficios y una demostración del producto presionada sobre usted. Póngase en contacto con el servicio al cliente con un problema: por teléfono o en Twitter. ¿Cómo se manejó el problema? ¿Cuál fue el tiempo de respuesta?

Una vez que haya hecho estas cosas, califique la experiencia. ¿Comprarías de su compañía?. ¿Necesitas parar y enrollarte las mangas? | *¡tiene trabajo que hacer!*.

Un gran consejo, y es de esperar que los ejecutivos se inspiren para seguir recomendaciones. Hacerlo les permitirá a los ejecutivos responder tres preguntas extremadamente importantes:

> *¿Las ventas, el mercadeo y la atención al cliente están verdaderamente alineados?*

Vea estos departamentos como un taburete de tres patas que proporciona la base para el éxito de su empresa. Si cualquiera de estas patas se rompe, o incluso se tambalea, sus objetivos de ventas y el crecimiento de su negocio podrían fracasar. En la economía conectada de hoy en día, su comprador B2B típico habrá completado su investigación sobre su producto o servicio antes de contactar a las empresas para obtener más información.

Según *Peppers & Roberts Group*, ~80% de las empresas con sólidas habilidades de experiencia del cliente superan a su competencia.

Los CEOs que construyen procesos, tecnología y cultura en torno a la experiencia que los compradores quieren y valoran, superan a sus pares. Esto comienza alineando las ventas y el mercadeo, no resolviendo problemas entre ellos, como en el viejo modelo de negocio de juegos de acusaciones, sino resolviendo las diferencias entre su equipo y el cliente.

> *¿Cuáles son sus mayores oportunidad es para mejorar la experiencia de sus compradores?*

Hemos entrado en la era de la 'Iglesia del Cliente', popularizada por *Jackie Huba*. Esencialmente, las personas confían en las personas, no en los productos. La investigación muestra que los compradores priorizan las relaciones y confían en el producto y el precio. Hoy, necesitamos ganar el derecho de hacer negocios con un comprador creando y entregando experiencias de compra que cultivan confianza, lealtad y <u>evangelismo</u>.

> *¿Su estrategia de negocios sociales considera el "nuevo" ciclo de vida del cliente de principio a fin?*

Ha habido un cambio fundamental en el comportamiento del cliente y en el proceso general de compra.

Los responsables de la toma de decisiones de hoy pueden obtener información detallada sobre varios aspectos de su empresa antes de ponerse en contacto con usted. Esto también puede significar que los mensajes de mercadeo inflado y excesivo han perdido su efectividad.

La venta social requiere una inteligencia profunda con respecto al viaje del cliente que solo puede adquirir escuchando y participando en el camino. Concéntrese en ser el mejor ayudando porque eso es realmente lo que desea la mayoría de sus compradores.

No quieren un vendedor, quieren un facilitador de soluciones.

~

Así que Quiere Ser un Administrador de Ventas?

Si es un vendedor social, es posible que no se vea vendiendo hasta el día de su jubilación. Por el contrario, estas actividades de venta pueden ser un medio para un fin para usted, un peldaño para un ascenso. Y para muchos de nosotros, esa promoción que visualizamos, y el siguiente paso lógico, es un trabajo como gerente de ventas. Si convertirse en un gerente de ventas es su objetivo, aquí hay algunos consejos para ayudarlo a llegar.

Domine sus responsabilidades actuales

Un paso a la vez. No permita que sus aspiraciones le quiten el enfoque de sobresalir en su rol actual. Demuestre que tiene sus responsabilidades actuales de la mejor manera para indicarles que está listo, dispuesto y capaz de avanzar al siguiente nivel.

Haga que su jefe se vea bien

Cuando su jefe se ve bien, usted se ve bien. ¿Qué desafíos enfrenta actualmente su jefe? Si no puede pensar en soluciones, seguramente hay pequeñas formas en que puede contribuir. Si se trata de una solicitud razonable, y disminuye la carga de trabajo o el nivel de estrés de su jefe, simplemente hágalo. Y si le preocupa que lo etiqueten, simplemente manténgalo en silencio y deje que su jefe sepa que no está buscando crédito. Vas a necesitar actuar como un gerente eventualmente. Es mejor que empieces a pensar como uno ahora.

Tomar la iniciativa

Si está buscando una promoción, ahora es el momento de comenzar a mostrar su potencial de liderazgo. Ayude a sus compañeros de equipo en dificultades, encuentre formas de implementar iniciativas dirigidas por la administración, conviértase en el experto en nuevos productos o tecnologías, cualquier cosa que demuestre que se siente cómodo tomando las riendas.

Haga lo que otros no están dispuestos a hacer

¿Hay tareas o proyectos que deben realizarse pero nadie quiere hacerlos?. Si no puede pensar en nada, piense en el futuro. ¿Hay algún evento o tendencia en su industria que pueda ayudar a su empresa a capitalizarse?

Mantenga sus ambiciones bajo control

La primera forma de mantener sus ambiciones bajo control es mantener su ego bajo control. Está bien ser ambicioso, y está bien tener confianza en sus habilidades, pero es importante ser humilde. Es mucho más fácil obtener un ascenso cuando tienes la etiqueta de *"funciona bien con los demás"*.

Tenga cuidado de con quién comparte sus ambiciones. Sus compañeros de trabajo probablemente no necesiten saberlo, y tampoco todos los gerentes necesitan saberlo. Comparta sus ambiciones con un gerente en quien confíe y que le dará los comentarios adecuados para que pueda mejorar profesionalmente y al mismo tiempo hacer lo mejor para la empresa.

Encuentre la orientación correcta

Este podría ser el administrador mencionado anteriormente o puede ser un mentor fuera de su organización. Hordas de personas han escalado en la escala de ventas, aprendan de ellos. Nunca puede tener suficientes buenos consejos. Lea libros, blogs o lo que sea que tenga en sus manos.

La construcción de relaciones también es importante. Cuando evalúe una promoción, definitivamente será útil que pueda dirigir a su gerente a todos sus seguidores que estén conscientes del gran trabajo que han estado haciendo.

Por supuesto, también ayuda si está poniendo números altos de ventas.

Si te ascendieron a gerente de ventas, ¿cómo llegaste allí?

~

Cómo Pueden los Gerentes de Ventas Hacer Menos Gestión y Más Facilitación

¿Es un facilitador?

En muchas facetas de la vida cotidiana, el término "facilitador" tiene connotaciones confusas. Sin embargo, en nuestro campo, es un comportamiento que puede inspirar una cultura de éxito.

Ver su función menos como un "gerente de ventas" y más como un "facilitador de ventas" le permite enfocarse en liderar. A menudo, son los mejores gerentes de ventas quienes hacen la menor cantidad de administración real.

Entonces, ¿cómo se puede encontrar ese delicado equilibrio entre un enfoque de no intervención y ser un líder atento y útil para su equipo?

Aquí hay cuatro estrategias para comenzar:

Haga que su equipo gane

Ser un líder significa no solo elegir el equipo que ayudará a su organización a tener éxito, sino también establecer a los miembros del equipo para que tengan éxito dentro de sus roles. Al igual que los entrenadores deportivos exitosos, los mejores gerentes de ventas ayudan a maximizar las fortalezas y minimizar las debilidades.

Algunos representantes prosperan en la búsqueda de nuevas oportunidades y en el inicio de nuevas relaciones. Otros son mejores para fortalecer las relaciones con los clientes existentes. Asignar roles basados en fortalezas y preferencias permite a los representantes alcanzar la satisfacción y el éxito sostenibles.

Además, considere usar la proximidad social, asignando clientes potenciales y cuentas basadas en relaciones existentes, en lugar de utilizar la asignación de territorio geográfico o alfabético. El uso de la proximidad social puede (1) aumentar la probabilidad de ganar o mantener clientes y (2) anima a los representantes a construir sus redes profesionales (lo cual es bueno para la organización) para que puedan recibir más clientes potenciales y cuentas nombradas en el futuro.

Concéntrese más en los resultados, menos en el proceso

El general George S. Patton dijo una vez: "Nunca le digas a la gente cómo hacer las cosas". Dígales qué hacer y lo sorprenderán con su ingenio. Cree un entorno flexible (que sus profesionales de ventas seguramente apreciarán), y puede conducir a nuevas revelaciones que ayuden a toda su organización a ser más efectiva.

Usar métricas para rastrear el rendimiento

Dedique menos tiempo a crear revisiones de rendimiento arbitrarias. En su lugar, use los resultados automatizados para rastrear el rendimiento y proporcionar comentarios objetivos. Por ejemplo, puede usar el *Social Selling Index* para ver cómo avanzan los individuos en cada uno de los cuatro pilares de las ventas sociales e identificar las áreas donde pueden aprobar. Además, establezca objetivos utilizando las métricas de su panel de ventas que se correlacionan con el éxito.

Proporcionar Pruebas

Si los principales representantes de ventas envían un 50% más de solicitudes de introducción o mensajes estratégicos que el resto de su equipo, asegúrese de resaltar esta correlación. El uso de métricas para mostrar un rendimiento sobresaliente provocará que más representantes de ventas realicen las mejores prácticas de ventas sociales en lugar de sentir que son una obligación tediosa.

La prueba cualitativa también puede escalar la adopción de las mejores prácticas. Asegúrese de resaltar ejemplos estelares de alcance personalizado, mensajes cautivadores y resolución creativa de problemas para que todo el equipo pueda inspirarse en ellos y pueda adoptarlos en su propia estrategia de ventas.

Como puede ver, facilitar no no debe verse como algo negativo, especialmente cuando se trata de la administración de ventas.

¿Cuál de las sugerencias anteriores puede implementar desde ya para permitir una cultura de éxito en ventas?

~

Reunión de Inteligencia de Fuente Humana para Equipos de Ventas

En la era de la conectividad, es sorprendentemente difícil obtener un nuevo prospecto. Levantar el teléfono no funciona; las llamadas en frío dan poco resultado en citas o pocas devoluciones de llamada.

Conectarse por correo electrónico es desalentador. En promedio, los empresarios envían y reciben ~100 correos electrónicos por día. Si no captas su atención de inmediato, ha perdido la oportunidad. De hecho, solo toma 2 segundos decidir hacer *clic* en Eliminar.

Para que los prospectos respondan, debe comunicarse desde el principio que entiendes su situación, necesidades y desafíos. Es por eso que es fundamental saber todo lo posible sobre su cliente potencial antes de llevar a cabo el alcance.

Los correos electrónicos altamente dirigidos son más efectivos que los correos electrónicos clásicos, de ahí la importancia de herramientas como *InMail* de *Linkedin* o el *Messenger* de *Facebook*. Incluso la personalización de la línea de asunto hace que un cliente potencial tenga más de probabilidades de abrir un correo electrónico.

Pero, ¿cómo puede aprender lo suficiente para crear esos mensajes personalizados antes de llegar a un cliente potencial?.

La llamada inteligencia de origen humano (HUMINT), es una táctica y arte de reunir información de fuentes humanas (a menudo sin alertar a alguien).

Los buenos vendedores sociales realizan su propio proceso de inteligencia de origen humano para averiguar qué es importante para un cliente potencial antes de participar.

A continuación, le mostramos cómo puede aplicar HUMINT como técnica de ventas:

1. Observe sus movimientos

Esté preparado para saber cuándo los prospectos cambian de trabajo, hacen nuevas conexiones o se unen a nuevos grupos. Un cambio de trabajo podría significar que tienen nuevas responsabilidades, proyectos o presupuestos para gastar. Si establece nuevas conexiones con sus competidores, es posible que estén a punto de realizar una compra. Unirse a un nuevo grupo (o aumentar la participación en uno nuevo) puede significar que están buscando información para una nueva iniciativa.

2. Estudie los documentos que crean

Preste atención a lo que dejan en línea. Hoy en día, el cliente potencial promedio es el 57% de su camino a través del proceso de toma de decisiones antes de hablar con los vendedores. Antes de eso, llevan a cabo investigaciones por su cuenta y piden consejo a sus compañeros. Los usuarios de redes sociales como *LinkedIn* revelan lo que tienen en mente cuando publican actualizaciones de estado, comparten artículos y participan en discusiones grupales. Si presta atención al contenido que publican, sabrá cuándo contactarse como recurso al comienzo de su ciclo de toma de decisiones.

3. Conéctese con las personas que los rodean

Asuma en serio un rol de *networker*. Infíltrese en el círculo interno de una red; esto requiere que un asociado confiable proporcione una referencia. Los vendedores que obtienen la mayor cantidad de negocios a través de *LinkedIn* son presentados a los prospectos por sus conexiones el doble de veces que otros usuarios. Incluso sin una referencia, los vendedores pueden programar citas el 50% del tiempo cuando tienen una conexión de segundo grado con un cliente potencial.

Aquí hay algunas formas rápidas de expandir su red:

- Use herramientas como *TeamLink* para ver si su cliente potencial está conectado a alguien en su compañía.
- Explore a sus clientes actuales para encontrar clientes potenciales. Más del 63% de ellos dejan sus conexiones visibles a su red.

- Pídale a un colega o cliente que lo conecte con un cliente potencial. Al menos el 80% de los clientes satisfechos están dispuestos a dar referencias. Solo necesitan que se los pida.

4. Esté atento a que hagan el primer movimiento

Este atento a notificaciones o alertas para ver quién ha revisado o estado en su perfil (hacer esto con *Facebook* es más complicado que con *Linkedin*). Esta es una herramienta poderosa porque dice qué prospectos quieren saber más sobre usted. Puede estar trabajando en una referencia de un colega, o se han impresionado por una gran publicación de blog o han dejado un comentario en un grupo de *LinkedIn*. Lo importante es que están buscando información sobre usted, lo que significa que están en una fase de investigación activa. Conéctese con ellos desde el principio esto le da la oportunidad de participar con ventaja.

Al utilizar la recopilación de inteligencia de Human-Source, aprenderá lo que es importante para sus clientes potenciales y la mejor forma de conectarse con ellos.

~

¿Cómo Lanzar un Vendedor Promedio al Estrellato?

Todos hemos escuchado a alguien descrito como "nacido para vender". Pero nadie a la edad de cinco años dice que quiere ser "vendedor" al crecer. Incluso los estudiantes de primeros años universitarios, urgidos a elegir una trayectoria profesional realista, raras veces escogen las ventas.

Las carreras de ventas usualmente comienzan cuando las necesidades de ingresos de un empleador se cruzan con la necesidad de un empleo remunerado de un empleado. Se contrata un nuevo representante de ventas, se transmiten las expectativas, se imparte capacitación y comienza la venta. Algunos profesionales de ventas explotan, algunos desaparecen de la profesión, y luego está el subconjunto más grande: los representantes promedio que rondan la cuota.

No tema ser al comienzo un representante promedio, porque la etiqueta promedio es temporal. Y tiene el poder de reemplazarlo con una nueva y brillante etiqueta de superestrella, superestrella de ventas sociales.

Aquí hay algunos consejos de ventas sociales para hacer la transición del vendedor promedio al vendedor *all-star*:

Considere las ventas como una carrera

"Yo no tenía idea de que las ventas fueran un estilo de vida, una cultura y, que deben formar parte de nuestro ADN", dice *Jamie Shanks*, socio director de *Sales for Life*.

Según *Malcolm Gladwell, Outliers*: *The Story of Success*; la regla establece que la clave del éxito en cualquier campo es dedicar aproximadamente 10,000 horas de práctica a una tarea específica. Si trabaja 40 horas a la semana (tomando algunas semanas de vacaciones aquí y allá), eso equivale a unos cinco años de trabajo antes de poder dominar algo como las ventas.

Está bien ser promedio siempre y cuando esté entusiasmado con su carrera y estés practicando. Se dice que su inversión de tiempo se amortizará gradualmente antes de que finalmente rinda frutos a lo grande.

Trabaja Inteligentemente y no Duramente

El trabajo duro es una gran cosa. Pero si sigues quemando lubricante y combustible sin nada para mostrar, eventualmente te quemarás. Mientras realiza trabajo arduo, asegúrese de programar el tiempo para dar un paso atrás y analizar las actividades que realmente producen resultados.

Pregúntese:

¿Cómo puedo obtener más de quienes son mis clientes ideales?
¿Cómo puedo administrar mis canales de manera más eficiente?
¿Cómo puedo generar clientes potenciales más calificados con menos esfuerzo?
¿Cómo puedo hacer que los clientes potenciales confíen en mí antes en el embudo de compra?

Programar "ajustes" regulares puede asegurar que esté maximizando su tiempo de venta cada semana. Dé un paso atrás ocasionalmente para dar dos pasos hacia adelante.

Nunca dejes de construir su red

Como dice Jamie, "su red social es clave para las oportunidades". Siempre lo ha sido, pero ahora que los compradores se apoyan fuertemente en las redes sociales para validar proveedores potenciales y tomar decisiones de compra, su red profesional puede hacer aún más para su carrera de ventas.

Nunca pierda la oportunidad de conectarse, y busque constantemente maneras de proporcionar valor a los miembros existentes de su red. Hacerlo facilitará las referencias y las presentaciones que implican credibilidad y confianza al comienzo de cada nueva relación. Y cuando más prospectos lo ven como un socio creíble y confiable, la venta se convierte en un proceso más rápido y fácil.

En lugar de contar con un gran descanso o un momento "*aha*", siga aprendiendo y aplicando su conocimiento. Finalmente, todos los conocimientos que ha aprendido y las tácticas que ha perfeccionado harán que otros lo llamen una superestrella de las ventas sociales.

~

Objetivos de Ventas: ¿Controla su Propio Destino?

Logre sus objetivos de ventas aprendiendo cómo aprovechar su red profesional, su tiempo y sus habilidades. ¿Siente que cumplir con los objetivos de ventas recae solo sobre usted? No está solo. En promedio, los representantes de ventas de hoy deben generar el 70% de sus propios clientes potenciales para alcanzar sus objetivos.

Si puede generar prospectos, no tiene que depender únicamente del departamento de mercadeo. Esto no solo lo posiciona para alcanzar los objetivos de ventas mensuales, sino que también perfecciona su conjunto de habilidades y agrega peso a su *currículum*. Ahora más que nunca, es posible que los representantes de ventas profesionales tomen el control de su propio destino y se sientan seguros de cumplir sus objetivos de ventas en los próximos meses y años.

Aquí hay tres objetivos personales de ventas que lo ayudarán a tomar "el control de su destino" como vendedor.

META DE VENTAS N. ° 1

Conviértase en un usuario avanzado de redes sociales como *LinkedIn* y aprenda a aprovechar su red.

Herramientas como *TeamLink* son una de las mejores maneras de generar *leads* cálidos de alta calidad de manera constante. Esta solución de ventas descubre conexiones ocultas, ayudándole a encontrar el camino más corto para prospectos. Cuando amplía su red para incluir las conexiones de todos en su empresa, aumentas exponencialmente la cantidad de prospectos de alta calidad a los que puedes conectarte a través de su red extendida. *Lead Builder* le permite crear y guardar listas de prospectos usando un amplio conjunto de criterios de búsqueda y opciones de filtrado. Para los profesionales de ventas que buscan afinar su público objetivo por industria, tamaño de empresa, título de trabajo y más, representa lo mejor en tecnología de ventas para conectarlo directamente con los compradores. También puede combinar lo mejor de *Lead Builder* y *TeamLink* para generar solo prospectos de alta calidad con conexiones a su equipo. ¿A quién no le gusta coger fruta a una baja altura?

META DE VENTAS N. ° 2

Obtener estrategia. Siga la regla 80/20 para asegurarse de haber establecido una base firme para alcanzar sus objetivos de ventas. Sus cuentas principales probablemente representen el 80% de sus ingresos.

Comprométase a pasar la mayor parte del día en actividades relacionadas con las ventas, como el seguimiento, la realización de investigaciones específicas de la industria y la creación de presentaciones adaptadas a sus clientes actuales y prospectos número uno. Cuando continúa educando e informando a los tomadores de decisiones clave, se le percibe como un socio valioso en lugar de solo otro vendedor. Se sorprenderá de lo que puede lograr cuando se dedica a realizar actividades de ventas hiper-eficientes día tras día.

META DE VENTAS N. ° 3

Comprometerse con una nueva táctica. El panorama de ventas siempre está cambiando, y hay una cantidad infinita de nuevas tácticas y estrategias que puede implementar para convertirse en un profesional de ventas más exitoso. Usted puede estar pensando en unos pocos ahora. Y puede que se diga a sí mismo: "Si tuviera el tiempo...".

Hágalo simple. Tome su lista de 'cosas que le gustaría hacer eventualmente' y oblíguese a elegir una que:

> a.) Lo ayudará a alcanzar y superar los objetivos de ventas en 2014
> b.) Se puede lograr dividiéndolo en pasos más pequeños

Si puede lograr más, genial, pero a menudo es una montaña de deseos lo que nos impide actuar en un solo objetivo.

¿Qué ocurriría si crea presentaciones personalizadas de SlideShare para sus clientes potenciales?

¿Qué pasaría si ampliaras su influencia al agregar valor de manera regular a las discusiones grupales en redes sociales? ¿Qué pasaría si pudiera encontrar el mejor contenido en su industria y seleccionarlo de una manera que sus prospectos y clientes aprecien? Elija una táctica y hágase realmente bueno en eso.

Luego, una vez que haya implementado su nueva táctica y sienta que es un mejor vendedor debido a eso, puede pasar a dominar el siguiente elemento en su lista.

~

Recordando la Llamada en Frío (+100 Años Vigente)

La llamada en frío vivió una larga vida, entregando ventas a lo largo de su tiempo. Será recordada como una de las herramientas principales para las generaciones de profesionales de ventas, quienes "sonreían y marcaban" cada día para capturar un prospectos interesados.

Si bien la llamada en frío no puede ser recordada como la más personal o empática de las herramientas de ventas, sin duda jugó un papel importante en el cierre de innumerables ventas durante su vida útil.

Al recordar la llamada en frío de hoy, nos preguntamos *¿cómo fue que una táctica de prospección de ventas que alguna vez fue fundamental envejeció tan rápido?*

Aquí hay tres razones por las que la llamada en frío se convirtió en un enfoque nefasto para vender:

RAZÓN # 1:
INTERNET

En promedio, los compradores de hoy están a casi dos tercios del camino a través de su proceso de toma de decisiones antes de hablar con un representante de ventas.

Los compradores simplemente se sienten más cómodos realizando investigaciones y evaluando productos / servicios en sus propios términos. Internet les permite reunir una gran cantidad de información sin involucrarse con ninguna empresa en particular.

Las llamadas en frío se usaban comúnmente como una forma de aumentar la conciencia y el interés entre los posibles clientes que podrían no haber estado buscando activamente una solución, pero que a los interesados podría atraerlos con un tono efectivo.

Hoy en día, estos mismos compradores pueden despedir fácilmente a las personas que llaman en frío al:

- Pedir información que se enviará por correo electrónico
- Visitar el sitio web y obtener un seguimiento en su propio marco de tiempo
- *Enrutar* llamadas desconocidas al correo de voz

El estudio de preferencia de IBM indicó que las llamadas en frío son un 97% ineficaces. El mismo reveló que el 75% de los encuestados son más propensos a utilizar las redes sociales en futuras decisiones de compra. Debido a esta información, IBM implementó un programa de venta social que registró un aumento del ~400% en las ventas.

Internet permite a los vendedores sociales identificar a los compradores reales que están comenzando el proceso de toma de decisiones para que puedan educarlos de una manera que asegure que se encuentren entre los proveedores en el proceso de decisión final.

RAZÓN # 2:
LAS REDES SOCIALES
Y LINKEDIN

LinkedIn marcó el comienzo de una nueva era de prospección de ventas: la era de las presentaciones cálidas.

Las llamadas frías de ayer son los vendedores sociales de hoy, y esta transición ha elevado a toda la profesión de ventas.

Tanto los compradores como los vendedores aprovechan la red profesional del mundo para negocios a diarios y el avance profesional, lo que significa que los vendedores se conectan con los compradores en un contexto comercial.

Pre-LinkedIn, podría haber estado llamando al mejor amigo de su colega sin saberlo. Hoy, soluciones características de *LinkedIn* como *Sales Navigator* como *TeamLink* muestran automáticamente cómo un cliente potencial está conectado con los miembros de su organización, no solo con el vendedor individual.

Los vendedores usan su página de perfil de *LinkedIn* como un centro de negocios centralizado y aprovechan la red de contenido para seleccionar y compartir información relevante a través de canales de comunicación estratégicos como InMail.

RAZÓN # 3:
LA LLAMADA EN FRÍO HA TENIDO UN PIE EN LA TUMBA POR ALGÚN TIEMPO YA

Seamos realistas, si hubiera una mejor manera de llegar de manera eficiente a nuevos prospectos, las llamadas en frío habrían muerto hace mucho tiempo. Pero no fue así, por lo que los vendedores se sentaron en su escritorio y jugaron el juego de los números, siendo expulsados repetidamente para finalmente encontrar a ese prospecto dispuesto a hablar.

No hay necesidad de llamar y esperar que los prospectos busquen comprar porque la generación de clientes en línea y la escucha social pueden hacer el trabajo de precalificación por adelantado. No solo las ventas sociales son más precisas que las llamadas en frío, es más eficiente y más divertido.

La venta social supera a los métodos de venta tradicionales como las llamadas en frío en cualquier historia.

~

Cómo Usar Comentarios para Comenzar Conversaciones con Prospectos

Cada relación exitosa de ventas comienza con una conversación. Los representantes de ventas deben establecer una buena relación con sus prospectos antes de avanzar en el ciclo de compra, y los comentarios brindan una oportunidad única para iniciar y fortalecer las relaciones. De hecho, el 39% de los representantes de ventas que comentan regularmente sobre las actividades de sus prospectos de ventas suelen exceder sus cuotas.

El experto en ventas internas *Ken Krogue* considera los comentarios una de sus seis habilidades principales en las redes sociales, y cree que son tácticas poderosas para iniciar conversaciones con posibles clientes. "Los comentarios son el elemento básico de la interacción en las redes sociales". "Los comentarios comienzan a comprometer a las personas".

Si bien las actualizaciones de estado de "me gusta" y de "volver a compartir" pueden ayudar a alcanzar la conciencia más alta, dejar comentarios perspicaces puede llamar la atención de sus prospectos de ventas.

Encontrar el equilibrio correcto con comentarios

Para encontrar oportunidades detrás de los comentarios, visite su página de inicio de *LinkedIn* y vea la actividad de sus conexiones. Puede elegir ver las actualizaciones "Antiguas" o "Recientes". También puede filtrar por el contenido que sus conexiones han compartido, las contribuciones en Grupos o las actualizaciones que sus conexiones han realizado.

Centrarse en la calidad sobre la cantidad lo ayudará a atraer el tipo de atención adecuada. Cuando los representantes de ventas hábiles ven publicaciones potenciales en *LinkedIn*, responden rápidamente y pasan a otras oportunidades. *Ken Krogue* llama a estos mensajes "comentarios pasivos" y señala que rara vez generan respuestas reflexivas. En cambio, recomienda abordar cada comentario como el comienzo de una conversación de ida y vuelta.

3 Pasos para conversaciones significativas

Imagine que acaba de recibir un correo electrónico de un prospecto de alto valor en busca de su opinión experta. Antes de poner los dedos en su teclado, siga estos 3 PASOS:

- Siéntese y tome una respiración profunda.

- Parece un *cliché* pero esto contrarresta la tendencia natural del cuerpo de inclinarse hacia delante cuando está nervioso. Inclinarse hacia atrás lo hace sentir más asertivo y seguro.
- Vuelva a evaluar lo que sabe sobre el prospecto.
- Pregúntese, ¿Qué desafíos enfrentan actualmente en su línea de trabajo? ¿Qué nuevas oportunidades tienen en mente? ¿Están buscando respuestas o quieren explorar un tema más?

Componga una respuesta reflexiva. Aborde los puntos problemáticos específicos o temas que cubre el cliente potencial, y brinde información adicional de sus propias experiencias en la industria. Sin embargo, este no es el momento de vender su solución. Primero debe posicionarse como un líder de la industria de confianza antes de centrarse en las ofertas de su empresa.

Aquí hay algunas técnicas comunes que pueden provocar nuevas conversaciones a partir de los comentarios:

- Hacer una pregunta estimulante sobre el tema
- Discutir un artículo reciente o una investigación que proporciona información adicional a sus preguntas
- Compartir cómo usted o una empresa con la que trabajó manejaban una situación similar

Cualquiera puede escribir una respuesta rápida en la sección de comentarios. Pero para lograr resultados de ventas sociales, vea cada comentario como el comienzo de una conversación.

Un comentario ilustrado alienta a sus posibles clientes a responder, y eleva su estado como socio en la resolución de problemas.

~

"*Firestarters*" para Calentar Prospectos

No todos los clientes potenciales se crean iguales. Si se les da la opción, la mayoría de los vendedores optarían por 5 pistas cálidas sobre 25 pistas frías.

El hecho de que una ventaja sea "cálida" no significa que sea un trato hecho. Existen tácticas adicionales que, si se aprovechan, pueden mejorar sus probabilidades de convertir lo que esta caliente en una venta.

¿Necesitas un *acelerante* para sus prospectos actuales ?

Vea seis trucos de calentamiento a continuación para convertir en clientes, los prospectos calientes.

#01
GANE ENTENDIMIENTO
/ ENTREGUE VALOR

Es fácil adelantarse con una ventaja cálida. Un error común es acelerar el ciclo de ventas en base a la suposición de que su cliente potencial ya entiende el valor que puede ofrecer. Es probable que este tipo de prospecto explore múltiples opciones. Y, ¿cómo puede estar seguro de que está entregando valor si no comprende lo que realmente quiere su cliente potencial?.

Entonces, cuando se salta -o incluso se apresura- la fase de descubrimiento, deja la puerta abierta para que la competencia "consiga" a su cliente potencial y presente una solución que corresponda con las necesidades y motivaciones exactas que pueda haber descuidado. Tomarse el tiempo para entender a su cliente potencial le ayuda a garantizar que está entregando valor, tanto en la información que comparte como en la solución que presenta.

#02
ARREGLE UNA INTRODUCCIÓN CÁLIDA

Una reunión cara a cara con su remitente y su cliente potencial es ideal, pero no siempre es probable. Concéntrese en facilitar su referencia. Hágales saber cuándo y cómo planea ponerse en contacto con el cliente potencial y mantenerlos informados.

Si no puede organizar una presentación cordial, consulte con anticipación a su socio de referencia. Intente citar una historia de éxito relevante para poner un "por qué" detrás de la referencia y proporcione una razón clara para su alcance.

#03
NO BOMBARDE CON INFORMACIÓN

No pongas todos sus registros en el "fuego" a la vez. Comprender sus prospectos le permitirá compartir información relevante en cantidades consumibles y proponer próximos pasos lógicos.

Puedes decir algo como, "te voy a enviar este documento específico porque hay una sección que cubre el escenario específico del que me hablaste", o "recomiendo una demostración porque..." Ahora la información que quieres compartir tiene una razón detrás y es más probable que su cliente potencial lo aprecie.

#04
PREPÁRESE PARA SOBRE-ENTREGAR

Establezca plazos razonables. Cree un plan para sobre entregar. Intente establecer expectativas realistas por adelantado y luego sorprenda con atención al detalle.

Personalice la experiencia para sus clientes potenciales. Una sorpresa agradable hace que un cliente satisfecho y los clientes felices compren más y refieran a otros clientes potenciales.

#05
DEJE QUE SU ESTILO SE MUESTRE

Las redes sociales facilitan la recopilación de información sobre su cliente potencial y encuentran un terreno común. Si sabe que su prospecto es meticuloso por nasuraleza, demuéstreles que puede hacer coincidir su estilo.

O bien, si su cliente potencial tiene sentido del humor, puede comunicarse con este de una manera más informal. El objetivo aquí es establecer un nivel de comodidad con su cliente potencial, lo que permitirá una mejor base para construir.

#06
CUIDE SU REMITENTE

Muestre agradecimiento a sus referentes de una manera personal. Incluso si el acuerdo no se lleva a cabo, hágales saber que le gustó conocer al prospecto y agradezca sinceramente la referencia. También puede hacerles saber qué tipos de clientes potenciales puede ayudar mejor para que puedan precalificar clientes potenciales para usted y seguir recomendando más negocios con confianza.

Cuando desarrolle la reputación de comprender genuinamente a sus clientes y ofrecer un servicio superior, se convertirá en el vendedor conocido por *encender fuegos* y ofertas llamativas.

~

Consejos para Evitar que sus Prospectos de Ventas Desaparezcan

No olvide que una venta no es definitiva hasta que esté finalizada. A veces, incluso los prospectos más prometedores pueden desaparecer repentinamente o quedar en la oscuridad. Los prospectos de ventas se oscurecen repentinamente por casi todas las posibles razones que se le ocurran. Lo hemos experimentado. Ese cliente con el que has estado en comunicación regular y con el que realmente ha desarrollado una buena relación puede desaparecer con facilidad.

Y es difícil no preguntarse qué salió mal; particularmente cuando tiene un potencial comprador que parecía muy prometedor antes de su repentina desaparición. Afortunadamente, hay formas de disminuir la probabilidad de que desaparezca el prospecto o cliente.

Los siguientes consejos lo ayudarán a garantizar que usted y su cliente objetivo permanezcan en contacto, incluso si tienen que suspender temporalmente su compra.

Nunca se comporte desesperadamente en sus negociaciones

La desesperación tiende a asustar a la gente. Les hace cuestionar sus motivos subyacentes, su capacidad de actualizar sus garantías, su creencia en el producto o servicio que vende, y cualquier cantidad de otras cosas. Esto no quiere decir que debe ser distante, desinteresado o no comprometido.

Simplemente no se preocupe si el prospecto al que ha dedicado mucho tiempo no parece completamente vendido después de algunas conversaciones. El pánico no lo llevará a ningún lado. No a ningun lugar positivo, eso es seguro.

Evite el *Spamming* o Actuar como un Acosador Digital

Si su ventaja se esta calentando, enviar mensajes de manera excesiva no va a reabrir las líneas de comunicación. De hecho, es probable que ocurra todo lo contrario. Debe recordar que el juego de ventas es parte de la una industria de servicios, donde los prospectos buscan ser cortejados un poco.

Acosar a un cliente potencial no aumenta su interés en su servicio o producto. Si un comprador potencial se preocupa por lo demás, deles algo de espacio y tiempo. La mayoría de los prospectos apreciarán su respeto por su tiempo y espacio.

Sea consistente en su compromiso y capacidad de respuesta

Si bien es importante respetar la privacidad, el tiempo y el espacio de un cliente potencial; es igualmente importante que continúe vigilando su receptividad y compromiso. Esto no significa dejar una docena de correos de voz ni nada por el estilo. El compromiso constante se trata principalmente de interacciones indirectas con prospectos.

Algunos ejemplos:
- Boletines informativos
- Blogs o mercadeo de contenido
- Publicaciones en redes sociales
- Publicidad

Comprometerse con todos los involucrados en las decisiones de compra

Si un cliente potencial parece genuinamente interesado pero ocupado (como muchos prospectos exitosos), no hay necesidad de renunciar a la compañía que representan. Fíjese en quién más está involucrado en el proceso de toma de decisiones para comprar servicios o productos. Es bastante probable que más de una persona esté involucrada en el proceso final.

Cuando hay más de una persona a quien apoyar, nunca está de más cubrir todas las bases. Mientras que una persona puede estar demasiado ocupada para prestarle a su servicio toda la atención que necesita, puede que otra no lo esté. Este también es un ahorro de tiempo potencial para todos los involucrados.

Si todos los que toman las decisiones ya saben quiénes son, qué ofrecen, etc., es mucho más fácil para ellos bajarse y tomar una decisión rápidamente.

Priorice sus Prospectos

Una de las mejores maneras de evitar los problemas con prospectos que de repente se vuelven fríos es investigar prospectos rigurosamente y centrarse predominantemente en aquellos prospectos que se consideran de alto valor y receptivos. Si hace esto en primer lugar, es mucho menos probable que se encuentres ansiosamente esperando una respuesta que quizás nunca llegue.

En las ventas, es importante poder elegir qué prospectos valen mucho tiempo y cuáles son más improbables. Centrarse en los prospectos que son más prometedores aumentará dramáticamente sus ventas.

Simplemente use estos consejos y use su mejor juicio, y luego proceda de acuerdo a esto.

~

Consejos Para Enviar Correos Efectivos Fríos Que Generarán Una Respuesta

La efectividad general del mercadeo con email ha sido debatida en los últimos años. Algunos concluyen que los correos electrónicos fríos son simplemente ineficaces y potencialmente una pérdida de tiempo. La verdad del asunto es que los correos electrónicos fríos pueden ser enormemente efectivos, pero deben planearse muy bien.

Enviar correos electrónicos al azar nunca será beneficioso para la generación de prospectos. En cambio, deberá obtener tanta información sobre su objetivo y usar esa información para formular una estrategia sólida.

A continuación, aprenderá 5 Hacks de Ventas sobre cómo enviar correos electrónicos fríos que ayudarán y no perjudicarán su canal de ventas.

1. Identificar las necesidades o preocupaciones de los consumidores

Antes de intentar crear el correo electrónico perfecto, es absolutamente esencial aprender más sobre las necesidades o inquietudes del receptor. Con toda probabilidad, intenta vender un producto o servicio que satisfaga las necesidades del cliente. ¿El cliente está tratando de encontrar publicidad rentable? ¿o qué?

Debe encontrar la respuesta con suficiente antelación. Conocer las inquietudes del cliente le permitirá abordar directamente esas inquietudes en su correo electrónico frío. Además, esto le dará la capacidad de explicar agresivamente cómo su producto o servicio llenará ese vacío.

2. Engancharlos

Muchas empresas cometen el error de comenzar su correo electrónico frío escribiendo sobre su empresa. Esto también pasa con LinkedIn Inmails. Tan pronto como el cliente potencial abre el correo electrónico, lo identificarán como una solicitud y presionarán el botón eliminar. En cambio, debe enganchar al lector al abordar su preocupación o problema. Hágales saber precisamente que simpatiza con su situación y alójelo en el discurso de venta. Esto mantendrá al lector por más tiempo, con lo cual simultáneamente les brindará una explicación detallada de por qué necesitan su producto o servicio.

3. Agregue legitimidad con referencias o noticias

También es importante recordar que la mayoría de los consumidores son muy escépticos. Para convencerlos de que es una empresa legítima con algo que vale la pena ofrecer, debe elaborar cuidadosamente su legitimidad. Esto se puede hacer mediante la inclusión de un estudio de caso, que discute su empresa o productos similares a los que está vendiendo.

Alternativamente, puede señalarles directamente los artículos de noticias que mencionan el nombre de su compañía. Esto hará que el lector se sienta más cómodo y más inclinado a responder a su correo electrónico o visitar su sitio web. Recuerde, el correo electrónico es un embudo importante en el flujo de ventas.

4. Nunca Generalice

Muchas empresas cometen el error de apresurar el proceso de construcción del correo electrónico generalizando todo. Un correo electrónico generalizado será sumamente ineficaz, ya que se parece mucho al correo no deseado. En cambio, debe tratar de incluir tantos detalles como sea posible.

Use el nombre del receptor y explique su producto o servicio en detalle. Esto asegurará que el receptor se sienta como si realmente estuviera destinado a recibir el correo electrónico. Aliéntelos a que se comuniquen con usted respondiendo a su correo electrónico o visitando sus páginas de redes sociales.

Intente sonar como un amigo; puede que se sorprenda al descubrir que es más efectivo que sonar 'corporativo' o similar a un negocio.

5. Llamado a la Acción

Finalmente, es esencial finalizar el correo electrónico con un llamado a la acción efectivo. Deje en claro que el receptor necesita invertir en los bienes o servicios de su empresa, y que es lo mejor para ellos hacerlo. Asegúrese de proporcionarles las instrucciones para hacerlo. Aliéntelos a responder su correo electrónico, hacer una llamada telefónica a su empresa o visitar su sitio web. Incluso puede incluir una oferta o promoción urgente.

Al elaborar estrategias e incorporar los consejos anteriores, podrá enganchar el receptor, hacer que deseen comprar y, finalmente, convencerlos de que reaccionen.

~

Los Desafíos de Construir un "Pipeline" de Ventas

Tener un "pipeline" saludable es el primer paso para una venta exitosa en cualquier compañía. Una canalización de ventas sólida y bien desarrollada significa que es probable que su empresa alcance los objetivos de crecimiento. Sin embargo, todas las empresas saben que la creación de una cartera de ventas viene con su propio conjunto de desafíos únicos. Si no está encaminado con sus esfuerzos, las opciones son contratar a más profesionales de ventas o hacer que los actuales sean más efectivos. Hacer que sus profesionales de ventas sean más efectivos simplemente significa comprender los desafíos que enfrentan.

Aquí hay tres de los mayores obstáculos para construir un canal de ventas saludable.

1. INTROS FRÍAS

Las introducciones frías son realmente difíciles para vender. Hay mucho *mercadeo de spam* flotando en torno a eso, sin una introducción personal, convertir prospectos en clientes potenciales puede ser casi imposible. *LinkedIn* para profesionales de ventas es una gran solución para este problema con esta plataforma, puede aprovechar no solo su red, sino también las redes de sus contactos de primer grado. Esto significa que si alguien de su red tiene una conexión en Microsoft, puede comunicarse con ellos y pedirles que hagan una presentación. Las prospectos de ventas generadas a través de conexiones genuinas tienen una tasa de éxito mucho más alta.

2. FRACASO PARA ESTABLECER CONFIANZA

La confianza es esencial para hacer una venta. Las ventas sociales pueden facilitar el contacto con las personas, pero es difícil establecer la confianza en su relación. Las Redes Sociales ayudan con esto de dos maneras. Una forma es que el cliente potencial pueda ver quién es usted y cuántas conexiones compartidas tiene. Esto automáticamente genera confianza y credibilidad. La segunda forma es que puede ver su perfil para obtener una idea de sus intereses, actividad social y recomendaciones para darle una idea que lo ayudará a acercarse a ellos y hacer que la interacción sea más personal.

3. PERDER EL TIEMPO CON MOTIVADORES POCO PROBABLES

Un gran problema con las ventas sociales es que hay tantos lugares para encontrar clientes potenciales que se puede gastar mucho tiempo y dinero en contactar prospectos que es poco probable que le compren a usted. Las redes sociales más robustas (*Facebook / Linkedin*) tienen una función de búsqueda con filtros que le permite sofisticar su búsqueda por "cuentas" con diversas variables útiles y accionables. Cuanto más pueda perfeccionar su búsqueda en la audiencia que desea, más eficaces serán sus esfuerzos de venta social.

~

Consejos para Imprimir sus Ventas Prospectando con "Pipelines"

La mayoría del ciclo de ventas requiere numerosos puntos de contacto antes de asegurar la venta. Gracias a la venta social, obtener acceso al responsable de la toma de decisiones y comprender más sobre ellos es más fácil que hace unos pocos años.

Pero mantener el contacto con los prospectos aún requiere paciencia y persistencia. Crear un canal de ventas es un paso fundamental para el éxito de los vendedores. Es importante construir un "pipeline" con oportunidades tanto a corto como a largo plazo para maximizar su relación de cierre y garantizar que ese "pipeline" nunca se seque.

Aquí hay 3 consejos para preparar su cartera de prospectos de ventas.

1. Sé Persistentemente Útil

Los mejores vendedores reconocen la diferencia entre vender agresivamente y ser profesionalmente persistentes al seguir a un cliente potencial.

Permanecer profesionalmente persistente para la mayoría significa que la oportunidad sigue vigente hasta el punto en que su cliente potencial ha firmado un acuerdo con otra empresa.

Si su cliente potencial está en la fase 'No Ahora', considere dejar que permanezcan allí por un período de tiempo. Su seguimiento no tiene que ser (y probablemente no debería ser) solo sobre su producto o servicio.

Más bien, haga un seguimiento para conectarse con ellos sobre noticias de la industria, un evento próximo al que ambos podrían asistir o simplemente un saludo informal para recordarles que están disponibles cuando estén listos para hablar.

El seguimiento periódico lo ayuda a mantenerse en la mente y lo construye como una fuente confiable de información.

2. Delinear una Estrategia de Referencia

Si no ha descrito una estrategia de *referenciamiento* (*benchmarking*) antes, eche un vistazo a estrategias exitosas que otros ya han probado. En este caso, *Mark Hunter*, un entrenador superior de ventas, ha compartido su estrategia de referencia *"blitz"* y cómo la ha aprovechado para aumentar las referencias.

Estrategia de Referencia N.º 1: en el QUARTER I, Joe anuncia a sus clientes que la empresa está teniendo una "campaña de referencia". Luego, solicita 1 o 2 nombres de personas que creen que podrían beneficiarse de la solución de su compañía.

Estrategia de Referencia N.º 2: en el QUARTER II, llama a sus clientes y les dice: "Has estado trabajando con nosotros durante un tiempo. ¿Cuáles son algunas de las cosas que te gustan de lo que estamos haciendo? "Él agradece los comentarios y agrega:" Apuesto a que conoces a otras personas a las que podríamos ayudar". Joe simplemente hizo que sus clientes se sintieran útiles.

Estrategia de Referencia n.º 3: en el QUARTER III, Joe llama a sus clientes para agradecerles por su negocio. Considera que estos son los mejores meses para la prospección de ventas porque las fiestas tienden a interrumpir la rutina de una persona. Discute cómo van los negocios, lo que prevén para el próximo año y así sucesivamente. Luego simplemente pida referencias.

Usando esta estrategia de "bombardeo", Joe está siendo profesionalmente persistente y aprovechando la inclinación natural de una persona para ayudar.

3. Incorporar Ventas Sociales

Una excelente estrategia de venta social le permite conectarse con los clientes potenciales y participar en sus canales preferidos en línea. Según *Aberdeen Group*, el ~80% de los representantes de ventas que incorporaron ventas sociales lograron su cuota en el último año calendario.

Al Enviar InMails informativos, por ejemplo, asegúrese de incluir un artículo relevante o una noticia e incluir información sobre por qué es importante para ellos. Mientras se concentre en la brevedad y la franqueza, sus prospectos estarán ansiosos por saber de usted. Además, compartir contenidos regularmente reforzará su posición como socio valioso.

Los mejores representantes no solo están presentes en las redes sociales, sino que se posicionan como fuentes creíbles e influyentes en las redes de clientes.

Desarrollar su cartera de proyectos es relativamente tan simple como tomarse el tiempo para escuchar, participar y responder de manera significativa y regular. La prospección de ventas debe enfocarse en satisfacer las necesidades de la persona con la que se está contactando primero.

Vender esta siempre en segundo lugar.

Posiciónese como un recurso valioso, tiene sentido que se convierta en la opción preferida cuando esté listo para comprar.

¿Cuáles son algunas tácticas de prospección de ventas que ha utilizado con éxito para preparar sus canales?

~

Cuando la Confianza hace la Diferencia en el Proceso de Venta

Para muchos clientes potenciales, comprometerse con una venta puede sentirse como una "caída de confianza". Mucho se aprovecha de la decisión: el éxito final de su iniciativa, una parte importante de su presupuesto y una evaluación de su capacidad por parte de su jefe. Les preocupa que si eligen al vendedor equivocado, su carrera se verá negativamente afectada.

Es por eso que es tan importante que los vendedores se concentren en desarrollar confianza con sus posibles clientes. Inicialmente, un prospecto podría ser atraído a su perfil en base a una investigación o una invitación suya directamente. Sin embargo, no avanzarán en el ciclo de compra hasta que tengan confianza en su capacidad de entrega.

Aquí hay 3 ESTRATEGIAS de ventas para desarrollar la confianza esencial para una buena relación antes de trabajar con un cliente potencial que segmentó con las redes sociales:

1. Quitar la venda de los ojos

Cuando se le pide a alguien que se caiga hacia atrás, necesitan que se les asegure que alguien los atrapará. Ya es bastante difícil para la mayoría confiar cuando conocen a las personas que se supone que deben ayudarlos, confiar es casi imposible cuando conocen al responsable.

Para desarrollar la confianza que necesita con sus clientes potenciales, debe "quitarse la venda de los ojos" para que puedan ver claramente la situación.

Puede hacerlo al…

- Crear contenido de forma proactiva, como publicaciones de blog o libros electrónicos, que demuestren su experiencia.
- Compartir artículos en LinkedIn que demuestren que continuamente se está educando sobre el tema.
- Participar en discusiones grupales para responder preguntas comunes que puedan tener sus prospectos. Incluso si un prospecto no formula la pregunta, su cliente potencial podría estar leyendo las respuestas.

2. Proporcionar una Prueba Social

Nadie quiere ser la primera persona en confiar. Aunque el riesgo es exactamente el mismo para cada persona, se siente más peligroso para la primera persona.

Genere confianza con sus clientes potenciales al conectarlos con otras personas que ya se han beneficiado de trabajar con usted. Los estudios muestran que al menos el 80% de los consumidores toman medidas basadas en las recomendaciones de las personas que conocen. Pida testimonios a sus clientes satisfechos, las recomendaciones públicas son las mejores, pero también se beneficiará con las privadas que puede enviar directamente a un cliente potencial.

Aproveche el poder de conexión de las redes sociales y pida referencias a sus clientes actuales. Según el ~82% por ciento de los propietarios de pequeñas empresas, las referencias son su principal fuente de nuevos negocios.

3. Haga que participen primero

Nada crea más confianza al hacer una caída que ser un receptor por primera vez. Eso es porque se comienza a trabajar en equipo y se da cuenta de su competencia. Entonces, cuando sea su turno de vendarse los ojos, confía en que no lo dejaran caer.

Cree preventivamente un equipo con sus prospectos aprovechando sus estilos individuales. Cuando alguien hace un favor para otra persona, una peculiaridad mental llamada disonancia cognitiva hace que quien da se sienta más positivo hacia la persona que pide el favor.

Si está buscando generar confianza con un cliente potencial, pídales que lo ayuden primero. Pregunte a su prospecto si tienen unos minutos para darle una opinión sobre un tema o para darle su opinión sobre una idea de producto / servicio. Si ha publicado una pregunta en un grupo, pídales que compartan su opinión sobre el tema. Se sentirán halagados de que valore su experiencia y, como resultado, confiarán más en su experiencia.

Si puede generar confianza con sus clientes potenciales desde el principio en el proceso de venta social, se sentirán más seguros de que puede entregar los resultados que promete. Ese es el primer paso para avanzar en su embudo de ventas.

~

Lo Bueno y lo Malo del Estilo de Venta de Gil Gunderson*

*Personaje de los la serie Televisiva Animada, Los Simpsons

Gil Gunderson apenas puede tomar un descanso. El personaje recurrente de Los Simpson, inspirado en *Shelley Levene* de *Jack Lemmon*, en *Glengarry Glen Ross*, aparece como un vendedor torpe que vende todo, desde bienes raíces hasta computadoras.

Gil siempre está a un paso de perderlo todo: su trabajo, su familia, su casa, etc. Toma cada trabajo extraño que puede encontrar, convirtiéndose en un remate de un solo hombre cada vez que aparece. A pesar de todo esto, Gill todavía encuentra el impulso para seguir intentándolo, permaneciendo eternamente optimista de que la próxima venta proporcionará seguridad para él y su familia.

Gil es un ejemplo animado de lo que no se debe hacer cuando se vende; sin embargo, aún podemos tomar algunas lecciones de su determinación y dedicación. Gil nunca parece poder cerrar la venta, principalmente debido a sus técnicas de venta incómodas. Él comete los mismos errores, pero no tiene que hacer eso. Así es cómo puede evitar ser un Gil en su estrategia de ventas.

¡hágalo por el viejo Gil!

Gil siempre parece desesperado, sin importar lo que esté vendiendo. En un episodio de *Los Simpson* en particular, Gil intentó vender suscripciones de periódicos por teléfono. El cliente, sintiendo la desesperación de Gil, le pidió que bailara para la venta. A pesar de estar en el teléfono, Gil bailó de todos modos.

Los prospectos pueden oler la desesperación a kilómetros de distancia, incluso en las redes sociales. La confianza y la autoridad ayudan a establecer la confianza, lo que fomenta relaciones comerciales saludables. Los promotores de ventas sociales se comunican de forma proactiva con sus posibles clientes y actualizan sus perfiles con las nuevas habilidades adquiridas. Presentar un frente social fuerte puede ayudar a establecer la confianza que necesitará para llegar a la venta.

Con Gil, todo se trata de la venta. Sus tácticas siempre se centran en cerrar acuerdos, independientemente de las relaciones con sus clientes potenciales. La naturaleza única de su personaje está diseñada de esta manera para el efecto cómico: mira a la cámara cuando el negocio sale mal. Sin una buena relación, sus ventas caen.

Desarrollar relaciones previas a la venta es esencial para cerrar negocios y para mantener buenas interacciones en el futuro. Esas pistas "frías" pueden ser "calentadas" con una comprensión inicial de las necesidades de los prospectos y las oportunidades de valor. La fase de descubrimiento es crucial para poner en marcha un proceso productivo de ventas.

También es útil ampliar la relación más allá de unos pocos contactos dentro de la organización del cliente. Este enfoque de múltiples subprocesos puede ayudar a mantener las relaciones si los contactos anteriores se van o cambian internamente. Realice la investigación en la red interna de su cliente para evitar interrupciones en el flujo de trabajo.

Dada la tendencia de Gil a referirse a sí mismo en tercera persona, está claro que no coloca las necesidades del cliente por encima de las suyas. La desesperación es probablemente parte de esa fórmula sórdida, pero siempre adapta sus argumentos de venta para reflejar sus problemas.

Esta es quizás la lección más directa que puede tomar de la desventurada estrategia de Gil. Todo, desde su perfil personal hasta el contenido y las discusiones que comparte, deben centrarse en responder las inquietudes y preguntas de los clientes. Los marcos de venta basados en soluciones ayudan a centrar la atención en el cliente y no en las necesidades que tenga el vendedor.

A pesar de todas sus fallas, Gil mantiene un optimismo interminable sobre sus prácticas de venta. Si hay un rasgo que tomar de Gil, es su dedicación. Solo asegúrese de tener estos consejos en mente…

…y nunca baile para alguien mientras estás hablando por teléfono.

~

Enfermedades Mortales en Ventas, y cómo Prevenirlas

Basado en un Artículo de Koka Saxton

La mala moral es una enfermedad que afecta directamente la productividad de ventas de cualquier equipo. Lentamente se consume todas las buenas cualidades como la energía, el entusiasmo, la persistencia y la motivación. La mala moral puede hacer que mantener a sus mejores representantes y reclutar a los mejores talentos sea una lucha constante.

Pero la pobre moral no es una sentencia de muerte.

La moral se puede mejorar, y cuando mejora, las buenas cualidades pueden florecer de nuevo. Cuando los vendedores son felices, llegan a los clientes potenciales más a menudo y establecen mejores conexiones, las mismas actividades que aumentan la productividad de las ventas.

Así que continúa y ponte saludable aprendiendo cómo prevenir estas "enfermedades" morales comunes en las ventas.

MEETINGITIS

Lo que es
Las reuniones frecuentes, especialmente si no tiene nada nuevo que compartir, frustrarán a los miembros productivos de su equipo. Prefieren usar este tiempo para establecer conexiones, programar citas, reunirse con clientes potenciales, administrar su canalización y crear contratos y presentaciones que les ayuden a superar la cuota. El tiempo pasado lejos de las actividades de venta afecta la capacidad de su equipo para alcanzar los objetivos de ventas y obtener ingresos.

Cómo prevenirlo
Mantenga las reuniones al mínimo para que su equipo tenga tiempo de hacer lo que finalmente espera de ellos: hacer ventas. Intente celebrar una reunión de una hora una vez cada dos semanas. Use esta reunión para comunicar las nuevas características del producto, las oportunidades y las estrategias de mensajería del cliente que generarán más ventas. Manténgalo actualizado al incluir oradores invitados que empoderen a su equipo de ventas, como motivadores, miembros de equipos exitosos, gerentes de productos, directores de mercadeo o su C-suite.

Personalice sus reuniones de previsión haciéndolas sesiones individuales y solo el tiempo que necesiten. Los representantes que luchan pueden necesitar, y también pueden apreciar, más tiempo personal que sus experimentados y exitosos veteranos.

ADAPTOPHOBIA

Lo que es

Ataca cuando es necesario realizar cambios que beneficiarán al equipo de ventas, ya sea que no sucedan o que sean demasiado lentos para alcanzarlos. Aquí algunos síntomas:

- Los equipos de ventas dependen de tácticas ineficaces de la vieja escuela como llamadas en frío y golpes en las paredes
- Los representantes de ventas no saben qué hacer, cuándo hacerlo o cuándo lo han hecho bien.
- Los representantes de ventas evitan oportunidades de ventas complejas y más grandes debido a barreras innecesarias o metodologías poco claras
- Los representantes de ventas tienen sugerencias útiles que no se escuchan ni se usan

Cómo prevenirlo

Brindar a su equipo soluciones de venta efectivas e información es el primer paso para aplastar la *adaptatobia* e impulsar la productividad de las ventas. A continuación, asegúrese de que su metodología de ventas permita un pronóstico preciso para que los representantes de ventas comprendan la gestión de los "pipelines" y las estrategias para trasladar a los compradores de una etapa a otra.

Finalmente, los representantes de ventas son su mejor fuente de comentarios del mundo real. No es necesario que cumpla con todas las sugerencias, y probablemente no debería hacerlo, pero debe apoyarse en ellas y alentar la retroalimentación para evolucionar continuamente su proceso de ventas en general.

PLAN DE COMPENSACIÓN PLAGA

Lo que es

Sus mejores vendedores son inteligentes, persistentes y serios sobre la mejora de sus habilidades. Y sí, van en serio acerca de ganar dinero. Los planes de compensación mal elaborados que no proporcionan una comprensión clara de cómo ganar dinero son culpables. Cuando esto sucede, su equipo de ventas se centrará en los puntos negativos del plan de compensación en lugar de estrategias para exceder la cuota.

Cómo prevenirlo

Para impulsar la productividad de las ventas, su plan de compensación debe ser simple de entender e, igualmente importante, justo. Nada desmotiva a un equipo de ventas como la injusticia, así que escuche y actúe rápidamente si un representante de ventas se siente engañado y la queja es válida. Pagar comisiones de forma rápida y constante impulsará los comportamientos de venta necesarios para lograr los objetivos generales del equipo. Cuando los planes de compensación son claros, viables y justos, los buenos representantes de ventas impulsarán los ingresos de la compañía y maximizarán sus ganancias simultáneamente.

HIPOTRAINIA

Lo que es
Este no es difícil de entender. Si intenta realizar una tarea sin los conocimientos técnicos adecuados, es solo cuestión de tiempo antes de que se desanime. Y no se trata solo de entrenamiento desde el principio. Los representantes de ventas también necesitan capacitación continua.

Cómo prevenirlo
La mejor manera de mantenerse a la vanguardia es crear un plan para el aprendizaje y la mejora continua. El entorno de ventas está cambiando rápidamente, y lo que funciona hoy está lejos de garantizarse que funcione mañana. Establezca los circuitos de retroalimentación adecuados para detectar rápidamente las áreas problemáticas y ayudar cuando sea necesario. También puede usar informes individuales para ver qué representantes están sobresaliendo y qué representantes necesitan más capacitación. Además, trate de traer un entrenador profesional de vez en cuando para proporcionar una perspectiva única y para demostrarle a su equipo que está comprometido con su éxito profesional.

EGOMANÍA

Lo que es
Vender requiere enfoque e impulso. Las luchas internas en equipo solo agregan estrés, alejando el enfoque de los objetivos. Nadie quiere trabajar en un entorno impositivo o con colegas hostiles.

Cómo prevenirlo
Haga todo lo posible para dar a sus representantes de ventas lo que quieren: un lugar de trabajo positivo y alentador. Si tiene un miembro disruptivo negativo del "equipo", cree un plan de acción claro para mejorar y luego elimine a esta persona si el comportamiento no cambia. Pero si esta persona causa estragos en el entorno del equipo, su decisión mejorará la moral general, lo que eventualmente conducirá a un aumento en las ventas. Además, esto demostrará que le importa más crear un ambiente positivo para todo el equipo en lugar de la contribución de ingresos de una persona. La productividad de ventas es más fácil en un entorno positivo, justo y centrado en el equipo.

¿Has experimentado alguna de las enfermedades de la moral de ventas que trazamos arriba? Si es así, ¿cómo se medica y vuelve a encarrilarse?

~

Solución Sin Sudor para una Mayor Productividad de Ventas

¿Está cansado tratando de decidir dónde enfocar su energía de venta social?. No está solo.

Se ha comprobado que la toma de decisiones agota la energía mental. En una serie de estudios, los investigadores descubrieron que después de pedirles a los estudiantes que tomaran una serie de decisiones, postergaban más las cosas, luchaban con pensamientos complicados y eran menos persistentes.

Como profesional de ventas, usted toma docenas de decisiones diariamente. ¿Debería descubrir más prospectos o llegar a clientes potenciales actuales? ¿Debería llamar a un candidato o centrarse en la creación de contenido que muestre su conocimiento como un experto?

Combata el efecto de eliminación de energía al decidir en qué actividades de ventas dedicar su tiempo y aprobar su próximo control de salud de ventas con gran éxito. ¿Cómo? Tome las decisiones diarias de su proceso de ventas sociales.

Aquí hay algunos consejos de ventas sociales sobre cómo crear un PLAN para refinar su régimen y aumentar su productividad de ventas:

Priorice lo que funciona

Piensa en cómo te estás enfocando en los prospectos correctos, manteniéndote informado sobre sus actividades y construyendo relaciones. ¿Cuáles son las formas más efectivas de mover a sus clientes potenciales para convertirse en clientes? Haga una lista de lo que funciona mejor para usted y sus colegas y clasifique cada actividad en orden de importancia. Por ejemplo, puede encontrar:

- Elaborar una presentación personalizada para un líder altamente calificado es más efectivo que organizar un seminario web para varios prospectos tibios.
- Identificar conexiones comunes obtiene mejores resultados que involucrarse con prospectos en un grupo.

Si sabe qué actividades de ventas funcionan mejor, concéntrese en ellas primero. Además, sin el esfuerzo mental de tomar esas decisiones, tendrá más capacidad intelectual para dedicarse a la venta.

Bloquee compromisos con prospectos en su agenda

Crear contenido educativo, compartir conocimientos de la industria y obtener referencias son todas maneras de gran valor para mantener un "pipeline" saludable. Sin embargo, cuando está muy ocupado, es demasiado fácil posponer la publicación.

Durante la primera etapa de su PLAN, probablemente decidió qué actividades de participación de ventas en Redes Sociales fueron el mejor uso de su tiempo. Ahora reserve tiempo cada día para invertir en ellos.

Al igual que el acondicionamiento físico, es mejor que haga un poco todos los días que dedicar un día entero una vez al mes. Tan solo 25 minutos por día pueden tener un impacto significativo en solo 12 semanas.

Anticipar lo inesperado

Vender es impredecible. Es posible que tenga la estrategia de ventas perfecta en su lugar, y luego sucede lo inesperado.

Si un equipo deportivo está atrasado con minutos restando en un juego, entonces saben que es hora de comenzar a ensuciarse y ahorrar tiempo.

Aumente su productividad de ventas desarrollando sus propias declaraciones *If / Then*. Aquí hay un par de declaraciones de muestra para reactivar su pensamiento:

> Si su canal de ventas cae por debajo de cierta cantidad, entonces concéntrese en formar conexiones con sus recomendaciones sobre un *lead*.
> Si alcanza su cuota antes, dedique tiempo a interactuar con el contenido publicado por sus clientes actuales para fortalecer sus relaciones.
> Limite su lista de "*do it now*".

La venta social siempre tiene un elemento de urgencia. Cuando vea una alerta diaria que le informa que un cliente potencial ha publicado una actualización, que se ha unido a un debate en un grupo o ha anunciado que comenzó un nuevo trabajo, es tentador actuar de inmediato. Pero si haces esto, pronto estarás corriendo locamente de prospectos a futuro sin posibilidad de recuperar el aliento.

Haga que las ventas sociales sean sostenibles al identificar lo que usted siente que necesita responder primero.

Por ejemplo, puede clasificar el compromiso de prospectos de la siguiente manera, siguiendo principios CRM:

Alta prioridad: envíe InMail para volver a conectarse cuando un cliente anterior comience un nuevo trabajo.

Prioridad media: Responda preguntas relacionadas con su experiencia cuando un prospecto en un grupo lo publique.

Baja prioridad: Comente cuando un cliente actual publica una actualización de estado.

Con una imagen clara de lo que necesita una respuesta de inmediato, y lo que puede esperar hasta más tarde en el día, puede eliminar el estrés de decidir en el momento y la loca carrera para responder a todo de inmediato.

Si estás tomando decisiones minuto a minuto en lugar de priorizar, estás haciendo que su cerebro trabaje de manera innecesaria. Tome el peso de sus decisiones desarrollando un PLAN para sus esfuerzos de venta social.

~

~

8 Maneras Probadas de Sobrepasar sus Metas de Ventas

¿Quiénes son los Mejores "Artistas" de Ventas?

Son organizaciones que tienen altas tasas de ganancia, cumplen con los objetivos de ventas anuales y tienen objetivos de ventas desafiantes.

Los mejores resultados en las organizaciones tienen el doble de probabilidades de cumplir con sus objetivos de ventas, y generalmente tienen una tasa de ganancia ~60% en comparación con sus pares.

Los siguientes 8 MÉTODOS CLAVE encenderán sus objetivos de ventas y lo ayudarán a alcanzar excelencia en ventas.

1. Acérquese a sus Clientes

¿Sabía que los mejores en resultados tienen un 46% más de probabilidades de aceptar que sus vendedores tienen un conocimiento fluido y experto sobre sus clientes?. También tienen un 45% más de probabilidades de aceptar que su proceso de ventas está orientado al cliente, y tienen un 34% más de posibilidades de aceptar procesos flexibles de venta. Comprender las necesidades y la situación de sus clientes es clave para convertirse en el mejor.

2. Invierta en Entrenamiento de Ventas

Cuanto más invierta en capacitación efectiva en ventas, mejor funcionará su equipo de ventas. El 63% de los mejores está de acuerdo en que tienen una excelente capacitación en ventas. De hecho, los mejores empleados a menudo creen que su capacitación efectiva es lo que les ayuda a cumplir los objetivos de ventas y lograr tasas de ganancias más altas.

3. Impulse las Ventas

El 68% de los mejores en resultados está de acuerdo en que tienen las habilidades necesarias para conducir y ganar oportunidades de ventas. Cuando estudiamos las áreas de habilidades de estos sujetos de alto rendimiento, descubrimos que tienden a tener niveles de habilidades más altos en comparación con sus compañeros de bajo rendimiento.

4. Enfoque en el Valor

Una cosa es proporcionar un valor superior a sus clientes, pero también debe promover una cultura organizacional que capacite a los vendedores para que se centren en el cliente y el valor. Los números no mienten: el 80% de los mejores resultados se enfoca en generar el valor máximo.

5. Maximice las Ventas a Cuentas Existentes

Eduque a sus vendedores para que tomen la iniciativa de descubrir áreas adicionales de crecimiento y oportunidades en sus cuentas. ¿Qué diferencia a los mejores del resto? La capacidad de maximizar las ventas en cuentas existentes. Los mejores resultados hacen que sea una prioridad administrar sus cuentas.

6. Establecer Objetivos Desafiantes

No solo motive a su equipo, establezca metas de ventas desafiantes para ellos. El 100% de los mejores empleados cumple con sus objetivos de ventas, y el 80% acepta que sus objetivos son desafiantes. Si su equipo de ventas no tiene problemas, no están creciendo y su organización inevitablemente se estanca.

7. Descuente Menos

No confíe en los descuentos con demasiada frecuencia. Las estadísticas muestran que los descuentos frecuentes tienden a diluir las ventas. Aquellos que hacen descuentos con menor frecuencia ganan el 48% de sus ventas, en comparación con el 42% de aquellos que descuentan todo el tiempo. Concéntrese en su cliente y en proporcionarles valor.

8. Desarrollar Gerentes de Ventas

Desarrolle cualidades de gestión de ventas en todos. Estos rasgos afectan directamente la productividad y el impulso de su equipo de ventas. Los gerentes y líderes son extremadamente efectivos para crear y mantener la energía de venta máxima de los vendedores. Piense en cómo puede entrenar a su equipo para desarrollar su efectividad en la administración de ventas.

~

El Ecosistema de Transformación Digital, 7 Estrategias - Tácticas para El Éxito de los Ingresos

Estas estrategias digitales B2B ayudarán a sus equipos de ventas y mercadeo a enfocarse en métodos más efectivos para generar ingresos en los próximos años.

De hecho, estos son más como gafas de realidad aumentada para obtener información más detallada. Muestre a sus equipos de ventas y mercadeo cómo aprovechar estas técnicas en su camino hacia la transformación digital de su organización.

1. Mercadeo basado en Cuentas (ABM)

Las decisiones de compra B2B se han vuelto demasiado importantes para que una sola persona las maneje en la mayoría de las empresas. En promedio, 5 personas están involucradas en las decisiones de compra B2B. Esto es mercadeo diseñado para convencer a todo un equipo de tomadores de decisiones.

2. Automatización de Mercadeo

Se sabe que el 79% de los CMO en las empresas con el mejor desempeño eligen "aumentar los ingresos" como su razón más convincente para ir con la automatización del mercadeo. La segunda razón fue para acceder a clientes potenciales de mayor calidad, lo que también se retroalimenta a los ingresos al final. Aquellos que saben cómo hacer el mejor uso de su automatización de mercadeo están dejando muy atrás a todos los demás equipos de ventas.

Las plataformas efectivas de automatización de mercadeo van más allá de simplemente métricas y análisis, tiene la capacidad de impulsar el crecimiento en su organización. ¿Sus esfuerzos de mercadeo impulsan los ingresos? La investigación de *Aberdeen* afirma que el 28% de los usuarios de la plataforma de automatización de mercadeo son más eficaces para responder la pregunta constante sobre el ROI. La respuesta madura al rastrear conversaciones específicas desde el interés inicial en las propiedades de mercadeo para ver las ofertas ganadas a través de las integraciones de CRM. Esta es una fuente de información inestimable que demuestra el conocimiento de los esfuerzos que realmente están afectando los resultados de su negocio.

3. Mercadeo de Contenido

El papel de las ventas ha cambiado. Las ventas ya no son la fuente de información ni son responsables de convencer a los clientes para que tomen medidas. Ahora se espera que los profesionales de ventas sean profesores, solucionadores de problemas, entrenadores y líderes de opinión. Los vendedores más efectivos se convierten en socios comerciales. En cada paso del viaje del comprador, el contenido da forma a la conversación. Entregue el contenido correcto al comprador en cada etapa para que las fuentes de ingresos sean más predecibles.

Sus compradores han cambiado en la forma en que encuentran su información. ~60% del proceso de compra ya se ha completado sin ningún compromiso por parte de un profesional de ventas. Están impulsados digitalmente y están conectados socialmente, lo que abre una oportunidad para que los vendedores ayuden a su comprador a lo largo de su viaje con el contenido. Y cuando su organización finalmente se dé cuenta de este cambio, podrá satisfacer las demandas del comprador moderno.

4. Venta Social

Este es sin duda el mayor cambio que ha venido al mundo de las ventas en muchos años. La venta social es lo opuesto a la llamada en frío, la construcción de la relación primero y luego cosechar muchos años de ventas y referencias a lo largo del tiempo. Convencer a los lideres para que lo acepten puede ser un desafío, especialmente cuando no están al tanto de todos los datos.

5. Defensa por parte de los Empleados

Cuando toda la fuerza de trabajo se convierte en defensora de los mensajes de ventas y mercadeo, las empresas tienen un impacto exponencialmente más amplio y más profundo. La defensa de los empleados no es fácil de dominar, pero comienza con la capacitación adecuada. *Forrester* descubrió que los empleados que son optimistas con respecto a la tecnología de la empresa y que están capacitados para usarlo de manera efectiva son más propensos a ser defensores de la compañía y de personas influyentes dentro de sus redes privadas.

6. Análisis Predictivo

Si pudiera ver solo unos pocos segundos en el futuro, tendrías una gran ventaja sobre el mercado. El análisis predictivo es como una lupa de los resultados más probables. En promedio, el 25% de las ventas que deberían ser "cosas seguras" no se cierran dentro de ese ciclo de ventas. ¿Por qué?. Los *analytics* pueden avisarte a tiempo para marcar la diferencia.

7. Talento Digital

Los analistas de *Forrester* confían en que lo digital está en un punto de inflexión. Las empresas verán que la mayoría de sus ingresos provienen del ecosistema digital. Desafortunadamente, la mayoría de las empresas no están preparadas para eso. El mejor talento digital y la capacitación recurrente serán factores esenciales de éxito en los próximos años.

¿Su equipo de ventas está preparado para enfrentar el desafío digital?

Nadie quiere que las ventas se retrasen, así que no pestañee o se lo perderá.

El ROI Real de los Medios Sociales

El ROI o retorno de la inversión es el cálculo de tiempo, dinero y recursos en comparación con lo que gana a cambio. En muchos casos, esto se reduce a la cantidad que se gastó y de lo que hizo al final. Esto es bastante cortante y seco en los negocios. En mercadeo, queremos ver un retorno de la inversión de 4X a 5X en una campaña, si pudiéramos llegar a 10X, sería un exito. Pero en esta nueva era de las redes sociales, alguien nos desvió de la ruta y nos vendió una nueva idea de ROI que se sentía bien pero sentirse bien no paga las cuentas.

El retorno de la inversión (ROI) es el beneficio para el inversionista que resulta de una inversión de algún recurso. Un alto ROI significa que las ganancias de inversión se comparan favorablemente con el costo de inversión.

Si sabes algo sobre *Gary Vaynerchuk*, entonces sabrías que el ROI se trata de construir negocios y los ingresos siempre están en el corazón de eso. Si desea construir su empresa, los ingresos son importantes.

Hay una nueva generación de profesionales de ventas que son viperinos y están entre nosotros. Estos "expertos en redes sociales" o *consultores y coaches* de mercadotecnia publican imágenes de un estilo de vida llamativo, *selfies* con otras personas notables y hablan sobre cómo se debe medir el ROI de las redes sociales en las relaciones. El problema es que este consejo, aunque puede sonar bueno, suele ser solo humo. No contrate a alguien para construir los ingresos de su empresa a través de la comercialización social si no le pueden decir cómo manejan los ingresos.

Las redes sociales o el mercadeo social tienen un objetivo en un negocio. Generar ingresos. Ese es el objetivo final. Punto. Cualquiera que le venda el sueño de construir relaciones como objetivo esta, simplemente, equivocado.

No digo que las relaciones no sean importantes. No digo que construir una comunidad de fanáticos y defensores de su marca sea incorrecto. Lo que estoy diciendo es que si está buscando construir su empresa a través de las redes sociales, los ingresos, las conversiones y otras medidas duras son más importantes. Su empresa no crecerá o mucho menos se mantendrá si solo tiene un grupo de personas que dice que usted es excelente y da un "visto bueno" a sus actualizaciones sociales.

Las relaciones importan No estoy en contra de eso. Las relaciones impulsan el negocio, pero no puede detenerse allí. Necesitamos mantener a los líderes de mercadeo a un nivel más alto.

Se deben medir las señales sociales, los me gusta, las acciones, los comentarios. Son un indicador principal de muchas métricas difíciles, pero eso es todo. Son indicadores principales que deben ser comprendidos, optimizados y puestos en un embudo de conversión.

Sus campañas sociales <u>siempre</u> deben tener un objetivo principal adjunto. Aún mejor si puede agregarle un objetivo de ingresos. Hay algunos que dirán que solo quieren que se los mida en función del tráfico de su sitio web o la cantidad de *retweets* que recopilan. Eso debe estar bien pero, no caigas en esa trampa. Si no puede medir el tráfico para canalizar ingresos, entonces el tráfico no tiene valor y espero que no haya gastado dinero en él.

Si desea generar una percepción de marca, los me gusta, las acciones y el tráfico pueden ser suficientes. Si desea construir su empresa, los ingresos son lo importante.

~

La Nueva Fórmula para Conectarse con Compradores B2B

Vamos a analizar cómo la venta social puede desempeñar un papel importante en la conversión de clientes potenciales a clientes. Hoy, las redes sociales han impregnado todos los aspectos de nuestras vidas. Lo usamos para conectarnos con colegas, empresas y marcas. Todo comercializador que se precie sabe el valor de este alcance. Cuando se conecta con una audiencia, también obtiene acceso a su red.

Las estadísticas muestran que un poco mas del 72% de los compradores usan las redes sociales para investigar un producto antes de realizar una compra. De hecho, las empresas informan un aumento del 57% en las ventas de los clientes que utilizan activamente las redes sociales.

Aquí hay 3 formas en que la venta social ha cambiado el proceso de ventas B2B.

Cómo se involucra con los compradores

Antes de las redes sociales, los vendedores se comunicaban con compradores potenciales a través de llamadas en frío y seguían las consultas posteriores. Ahora los compradores son más sofisticados. Investigan de antemano y se aseguran de que el soporte esté disponible las 24 horas, los 7 días de la semana, incluso después de completar una venta.

Las llamadas en frío aún pueden tener su propósito, pero no solo debe depender de esta herramienta para interactuar con los compradores. Las redes sociales le permiten ampliar su alcance con una inversión de tiempo mínima.

Satisfacer las expectativas del comprador

Los compradores tienden a interactuar con un vendedor si su empresa es conocida y tiene una marca profesional sólida. También es más probable que se conecten con una marca si comparten intereses profesionales comunes o si tienen una red que se superpone.

Por el contrario, los compradores evitan a los vendedores que promocionan productos que no son relevantes para su empresa o industria. Es importante asegurarse de que sus vendedores compartan un tono y mensaje consistentes con su marca. De esta forma, los compradores prefieren considerar su producto o elegir sus servicios.

Un camino de 4 PASOS para mejorar el compromiso comprador / vendedor

En primer lugar, debe establecerse como una marca profesional. En segundo lugar, encuentre los clientes correctos que se beneficiarán de su producto o servicio. En tercer lugar, una vez que haya decidido a quién contactar, participe de conversaciones significativas. Finalmente, asegúrese de continuar creando confianza y simpatía con sus clientes potenciales a lo largo del tiempo.

Lo más importante es buscar siempre establecerse como una autoridad en su campo. Más del 90% de los compradores B2B eligen involucrarse con los líderes de la industria. La venta social es un componente vital de su estrategia de ventas. No puede permitirse perder este lucrativo embudo de ventas que se ha demostrado una y otra vez en los últimos años. Mejore su juego hoy para llegar a sus potenciales clientes B2B.

EL EJE DE LA VENTA SOCIAL

El Surgimiento de la Venta Social

No sé si alguien puede afirmar haber creado o inventado la "venta social". A muchos nos han identificado de una u otra forma como mentes líderes en áreas relativas a lo digital, entre otras, las ventas sociales, y, es bueno tener nuestra experiencia asociada con una evolución importante en lo digital o en el rol de ventas. Aunque he participado desde hace tiempo en *Think Tanks Digitales*, el termino fue inventado hace mucho y renovado modernamente. En 2006 ya hacíamos *social selling* antes de saber que había un término para eso.

Libros como Sales 2.0 de *Anneke Seley* nos abrieron los ojos a una nueva forma de ventas que desdibujaba las líneas entre las ventas tradicionales y la tecnología. Como *geeks*, acogimos con satisfacción la idea de que podía encontrarse una manera de integrar la tecnología en los esfuerzos de ventas y la primera y más fácil era aprovechar las redes sociales.

Como vendedores, nuestro trabajo consiste en vender cosas y aumentar los ingresos. Las redes sociales abren un juego completamente nuevo para que juegues y es muy rentable.

Los primeros en adoptar, nos reímos e incluso desalentamos el usar las redes sociales como una herramienta para impulsar las ventas. A pesar de eso, cuando me registré en *LinkedIn* en 2006, vi el potencial. Era una red creciente de profesionales que se estaban "conectando" entre sí. En su mayor parte, las conexiones más fáciles fueron las personas que conocías. Amigos, compañeros de trabajo y tal vez otras personas con las que has tenido contacto. Para muchos, el perfil de *LinkedIn* era solo un *currículum* en línea que podría resumir toda su carrera en una sola página. Es una pena que mucha gente todavía tenga esta creencia.

Los perfiles en las Redes Sociales han evolucionado y las personas que obtienen los mayores beneficios son aquellos que han transformado sus perfiles de un *currículum* a su marca personal o reputación en línea. Un lugar al que cualquiera puede ir, obtener información y comunicarse con personas conocedoras de su industria. Su perfil debe usarse como un recurso, como una máquina de mercadeo y ventas.

En el año 2008, cuando me uní a *Twitter*, todo comenzó a tener sentido. Comencé a conectar los puntos entre los primeros usuarios de *Twitter* y mis redes de *Linkedin* + *Facebook* y vi que en lugar de simplemente crear un montón de conexiones, podía seguir las actividades en tiempo real de mis amigos y clientes potenciales a través de sus redes sociales. Abrí mi mente a una nueva forma de involucrarme (y más), que compensó todos los mensajes de correo electrónico y de voz sin contestar que estaba dejando atrás.

Perfiles como el de *LinkedIn* deberían ser obligatorios como una dirección de correo electrónico y un número de teléfono celular para los vendedores. Dirigiendo un equipo de ventas, esa sería la directiva.

La tecnología se ha convertido en una necesidad en las ventas. No porque sean la próxima maravilla, sino porque estas herramientas, cuando se usan eficazmente, pueden acelerar los ciclos de ventas. Las mejores representantes de ventas en su clase (representantes que implementaron ventas sociales) vieron un aumento anual promedio de ~20% en los ingresos totales de la compañía, en comparación con un aumento de ~5% para el promedio industrial y una disminución de ~10% entre los rezagados. VENTA: Es la mejor orientación posible del mensaje correcto, en el momento adecuado, para la persona adecuada - *Aberdeen Group*; 2012.

La identificación de prospectos, la aceleración de los ciclos y la generación de ingresos es el núcleo de las ventas.

Muchos analistas como *Gartner* y *Forrester* también reconocen la necesidad de que los vendedores se vuelvan sociales.

NACE EL EXPERTO EN VENTAS SOCIALES

Los primeros líderes de pensamiento en Internet como *Jill Konrath* no suelen ser calificados como expertos en "venta social", pero hicieron el camino para el futuro de las ventas. Eran los únicos que escribían sobre el arte de las ventas y servían como educadores de otros profesionales de ventas. Es debido a su adopción en un método llamado *blogging* que los vendedores y los ejecutivos comenzaron a tomar nota de cómo cambiar los negocios. No pasó mucho tiempo antes de que más personas comenzaran a escribir sobre tácticas de venta y metodología de ventas. Ahora no puedes lanzar algo en una industria sin encontrar un "experto" en ventas que esté dispuesto a entrenar a sus equipos para que sean más efectivos al hacer llamadas telefónicas, enviar correos electrónicos y organizar su negocio. Espero que el punto de inflexión para las ventas sociales sea rápido.

Ahora hay miles de personas en *LinkedIn* con la palabra "venta social" en su *bio*. Solo poco después de 2010, ese número era CERO.

Es emocionante ver que el término ha ganado y sigue ganando mucha tracción. La Revolución de las Ventas Sociales han creado todo un camino hasta la empresa y las grandes corporaciones están dedicando tiempo, dinero y recursos para capacitar y equipar a su gente con las mejores prácticas y herramientas para ser ganadores en esta nueva era. Lugares como IBM adoptan ventas sociales e incluso se convierten en líderes de implementación y adopción.

Muchos capacitadores tradicionales de metodologías de ventas han ajustado su posicionamiento para cubrir las ventas sociales y hay personas como *Barbara Giamanco* que a través de su libro "El nuevo apretón de manos: las ventas se juntan con las redes sociales" ayudó a promover el uso práctico de las redes sociales en las ventas.

Tenga cuidado con los "expertos". Hay algunas personas y organizaciones geniales que saben mucho sobre venta social, mejores prácticas y formas de implementarlo, pero también hay muchas personas que se llaman expertos pero su pericia se limita a cosas muy básicas.

La venta social es más compleja que la optimización de perfiles en redes sociales como *Linkedin*. Es la capacidad de apalancarse de las redes sociales de una manera en que construyen y aprovechan conexiones para hacer mejor el trabajo. Tener una experiencia en la red social y cómo crear contenido y contexto que involucre sus conexiones es mucho más complejo que solo actualizar su foto o encabezado.

TODOS LOS CAMINOS EN VENTAS B2B CONDUCEN A LINKEDIN (TARDE O TEMPRANO) y EL FUSURO DE LAS VENTAS B2B ES SOCIAL

Hay muchas redes sociales que se pueden enumerar Todas tienen su lugar en el mundo del mercadeo social, pero una red que se destaca del resto, específicamente en lo que respecta a las ventas B2B, es *LinkedIn*. Es la única red social específicamente diseñada y posicionada para la fuerza de trabajo profesional.

El futuro de las ventas es social. Las empresas que no adopten las ventas sociales y que no encuentren la manera de poner esa inteligencia social en su CRM estarán en una gran desventaja en el mercado. Los ejecutivos deben comenzar a planificar cómo van a habilitar a sus equipos de ventas con herramientas de próxima generación que harán que sus equipos de ventas sean más efectivos.

La tecnología es una espada de doble filo. Así como los vendedores se están moviendo hacia el futuro, los compradores ya están por delante de nosotros.

La tecnología de correo electrónico se ha rediseñado para no recibir basura. Archiva automáticamente en función de etiquetas o incluso en función de mi "comportamiento". Si no eres alguien con quien me he comunicado anteriormente o con el que no tengo conexión, probablemente nunca veré su correo electrónico. Las herramientas como GMail solo ponen en mi bandeja de entrada los correos electrónicos que quiero leer y, si algo se filtra, hace falta un clic para asegurarse de que nunca vuelva a pasar. Los sistemas telefónicos avanzados ahora tienen *gatekeepers* virtuales y, eventualmente, su teléfono sabrá si hay llamadas que no quiere recibir o se harán llamadas en función de su comportamiento, sus contactos y los registros de su teléfono. Vamos a ver la aplicación del aumento de ventas sociales en todas las industrias.

No se trata de si va a pasar, sino de cuándo va a pasar para usted o su empresa.

~

Por qué Comenzó la Venta Social

Desde hace varios años empecé a tener contacto con soluciones de *Salesforce*. Incluso, hemos hecho *webinars* sobre como *"usar conexiones sociales para convertir prospectos en clientes"*. Cada vez es una buena experiencia, estar en transmisiones que sabes que tienen un alcance masivo es lo más parecido a estar en radio o en televisión ☺. Verdaderamente una experiencia increíble. Además el enganche en redes sociales es indescriptible..

A veces, cuando veo grabaciones pasadas para escuchar algunos de los puntos clave entregados, me doy cuenta de que siempre menciono temas de cómo me enganche desde mi pasado con prácticas de *social selling*. Aunque como dicen, el "pasado es pasado", es mejor ser un "pensador de avanzada", hay preguntas en línea muy comunes como "¿cómo empezaste?" y, "¿qué te hizo pensar en las redes sociales para las ventas?". Mucha gente me escribe y me agrega por *Linkedin* sorprendida de que este hablando de un tema que ellos no imaginaban.

¿Como empezó mi camino hacia la venta social?

Comenzó con LinkedIn (obviamente)

Me uní a *LinkedIn* en Junio de 2006 y, como la mayoría de las personas en ese momento, era mi currículum en línea, mi identidad en línea para *headhunters* y gerentes de contratación. Recién había regresado de hacer un voluntariado en Europa del Este y buscaba trabajar en la industria de la comunicación integrada de mercadeo. Entre a trabajar para una empresa multinacional hoy llamada KANTAR TNS, aunque tristemente no fue debido a *Linkedin*.

Usar *Linkedin* para ventas no estaba en el radar. Esto se parece mucho al "oscurantismo" digital de las ventas. Mi trabajo era procesar datos brutos y convertirlos en información visual para extraer *insights*, así que en esa época, *Linkedin* tenía poco que ofrecer. En esa época yo aún no era un vendedor en el sentido más estricto de la palabra. Adicionalmente, las llamadas y los correos electrónicos no recibirían respuesta el 90% del tiempo. Poco tiempo después empecé a usar *Linkedin* para prospectar comercialmente, ya en un rol de emprendimiento, y, ¿adivinen qué?, comenzaba el día contactando a las personas que habían visto mi perfil de *LinkedIn* en las últimas 24 horas. El ROI era del 100% cada vez. Ahora era la edad de oro de las ventas sociales y estaba empezando la cosecha de beneficios. Después de eso, empecé a cruzar información con plataformas CRM.

Luego aparecieron los Grupos en Redes Sociales

Pensé que todo lo que tenía que hacer era conseguir que más personas vieran mi perfil y luego podría escalar esta operación. Alguien con quien trabajé me presentó en un grupo que tenía gente hablando de nuestra industria. Entre llamadas en frío me gustaba entrar a ver perfiles de las personas y lo que están discutiendo, quizás responder una pregunta o preguntar algo a la comunidad.

En el transcurso de las siguientes semanas noté que el número de personas que entraban a ver mi perfil aumentaba constantemente. Me enganché. Los Jefes que tuve no compartían mi entusiasmo por la aplicación de *Linkedin* a las ventas. El tiempo que pasaba interactuando con potenciales en conversaciones estaba bien pero eso no importó, tuve que volver a "hacer llamadas" o mi trabajo estaba en riesgo.

Mi canalización de prospectos era buena, llegaban acuerdos. Estaba constantemente al sobre mis objetivos. Igual, estaba en algo nuevo y un interruptor se volcó en mi cabeza.

Las redes sociales serian la próxima frontera para las ventas.

El Comienzo de las Redes Sociales

Las redes sociales estaban creciendo en popularidad. El problema era que las empresas tardaban mucho en adoptarlo o incluso en comprender lo que era.

Empecé a *twittear* y publicar en otras redes, pero cuando se trataba de negocios, *LinkedIn* era el lugar donde vivía. Mi proceso típico fue encontrar personas activas en otras redes sociales y luego conectarme con ellas en *LinkedIn*, que, fue el centro, y, todos los demás sitios fueron los radios que alimentaron la máquina.

La estrategia de "quién ha visto mi perfil" continuaba produciendo resultados. Los grupos de *LinkedIn* no eran el único océano azul. Cuanto más activo estaba en otros canales de redes sociales, más puntos de vista recibía en *LinkedIn* y más personas con las que podía conectarme.

Lo malo fue que había perdido el enfoque. Muchas de las personas con las que me estaba conectando no eran personas con las que haría negocios, la mayoría eran solo otros entusiastas de las redes sociales. Me estaba volviendo más popular entre los profesionales de mercadeo que trataban de entender "eso de las redes sociales" que lo que era con mis clientes o futuros clientes. Era el momento de recalibrar.

El Ascenso de la Venta Social

Para volver a calibrar reduje mi enfoque a lo básico, profesionales que estaban publicando cosas útiles y que mostraban interés en lo que estaba vendiendo. Esto no significa que todo lo que hice fue venderles pero enfoqué mi estrategia de compromiso en los tomadores de decisiones en mi industria. Fue una estrategia de compromiso, no una estrategia de ventas. La principal diferencia fue que no estaba tan preocupado por llenar mi cartera de oportunidades como yo en la construcción de capital social con las personas que eventualmente buscarían una solución a un problema.

Cuando construí esa red sucedió algo estupendo. Empecé a convertirme en el recurso de conocimiento y algunos responsables de la toma de decisiones me contactaban para preguntar sobre tendencias e información. Mi identidad en línea comenzó a parecerse más a una marca. Pasé de vender a ayudar. Que finalmente vendió más de formas indirecta.

Cuando se enfoca en agregar valor y mostrar beneficios, entender el negocio y hablar de las características, las personas se abren y las discusiones reales pueden tener lugar orgánicamente.

Los vendedores que de alguna forma impacté y con los que ocasionalmente me ahora dicen lo mismo; siempre agregue algo de valor, cuando la persona sentada al otro lado del escritorio o del teléfono ve más valor en algo de lo que cuesta, generalmente compra.

Así que la lección es relativamente simple: SE VALIOSO, OFRECE VALOR.

~

¿Son las Ventas Sociales la Nueva Venta?

La venta social llegó para quedarse, entonces, ¿qué significa eso para "vender" en términos generales? En este punto, vender sin usar las redes sociales simplemente parece obsoleto. Los vendedores que no usan las redes sociales se encuentran en una desventaja significativa con los nuevos clientes potenciales, ya que las llamadas en frío ya no hacen su trabajo.

Existen numerosas razones por las que la "venta social" debería ser el sinónimo plano de "vender": ya no existe ninguna distinción entre las técnicas de venta modernas.

Los siguientes factores demuestran por qué vender en las redes sociales tiene sentido en el mercado actual:

Simplemente es más efectivo

Al menos el 50% de los vendedores atribuyen al menos un trato cerrado a las interacciones en las redes sociales, y muchos más cierran regularmente con estas herramientas. Existe una gran cantidad de pruebas documentadas de que las técnicas de ventas con infusión social generan más clientes potenciales e ingresos. Cualquier vendedor que busque "vender" en la era digital debe incluir tácticas sociales en su estrategia de ventas.

Fomenta una buena creación / curaduría de contenido

El contenido dirigido y relevante impulsa el proceso de venta social y trabaja para establecer la credibilidad de quien lo representa. Sin embargo, este proceso debería implicar algo más que publicar una actualización o un enlace ocasionalmente. Las poderosas actualizaciones de estado contienen análisis personales, imágenes cautivadoras y enlaces abreviados al contenido (entradas de blog, videos, etc.).

Hace hincapié en escuchar en una era donde todos quieren ser escuchados

La escucha social es un proceso oportuno, y sus clientes lo demandan. Antes de trabajar para interactuar con sus prospectos en redes sociales, desarrolle una estrategia de escucha que rastree palabras clave y temas a lo largo del tiempo. Estos resultados pueden ayudarlo a perfeccionar su estrategia de participación, para que sepa exactamente de qué hablar. Ingresar ciegamente a una venta potencial no es una opción con la cantidad de datos disponibles al alcance de su mano.

Es rentable

Varias herramientas sociales de seguimiento y publicación están disponibles por un costo limitado (o incluso gratuito), por lo que las barreras de costos para la venta efectiva han sido demolidas. Las métricas de costo por prospecto se reducen significativamente cuando se incluyen las redes sociales, hasta en un 75 % en algunos casos. El dinero ahorrado de los costos generales puede reutilizarse en herramientas sociales más sólidas, como el contenido patrocinado o las *suites* de administración de ventas o CRMs y social CRM.

Construye capital social

Las conexiones establecidas desde las redes sociales tienen un valor inherente para el vendedor y el cliente potencial.

Este valor se puede cuantificar parcialmente como "capital social", o el grado en que una persona puede influir en la acción de otros en línea. Los *influenciadores* sociales poseen un capital extenso, que utilizan para proporcionar información sobre las noticias de la industria y guiar a los seguidores hacia decisiones acertadas. Desarrollar su capital social a través de un compromiso constante y la producción de contenido asegura un perfil en línea más fuerte, y una mejor oportunidad de aterrizar prospectos de alto perfil.

Entonces, si la "venta social" debería simplemente llamarse "vender", ¿cómo podríamos llamar vender sin las redes sociales? ¿Anti Venta? ¿No Venta?. En cualquier caso, no será tan eficaz sin una presencia social robusta para complementar la estrategia.

~

Venta Social
101

Cualquier buen vendedor intenta establecer una relación bastante cálida con un posible cliente antes de tratar de venderle un producto. No hace mucho tiempo, la técnica de ventas B2B más comúnmente utilizada era la llamada en frío, lo que hacía muy difícil establecer una relación cordial con los clientes. Sin embargo, el mundo de las ventas está eliminando rápidamente esta técnica desactualizada y marcando el comienzo de la era de la venta social.

Comúnmente malinterpretado como una técnica de ventas en la que el vendedor utiliza un medio social para hacer un lanzamiento, la venta social es algo completamente diferente. Aunque puede usarse para hacer un lanzamiento, ese no es su objetivo principal. Se usa principalmente como catalizador en el proceso de venta. Ayuda a los vendedores a obtener información del cliente y les ayuda a "escuchar" lo que los clientes tienen que decir, sin tener que hacer llamadas en frío o establecer una comunicación directa, para el caso. En pocas palabras, es un medio para identificar las bases sobre las cuales construir relaciones con clientes potenciales.

Una vez que un vendedor tiene una idea clara sobre el cliente a través de sus perfiles sociales, puede sincronizar su comunicación perfectamente, incluso a través de otros medios como el correo electrónico o el teléfono.

Pero ¿por qué debería usted, como ejecutivo de ventas B2B, tener un gran interés en la venta social? La investigación ha demostrado que el costo por *lead* disminuye hasta en un 75% si las redes sociales se utilizan de manera eficiente en el proceso de venta. Y eso, es solo la punta del iceberg.

Contenido y Compromiso

Es un hecho que la mayoría de las empresas buscan soluciones en línea. Estos clientes están liderando claramente el camino hacia la era de la venta social. Cuando tropiecen con el perfil de un vendedor en línea, realizarán al menos una breve verificación de antecedentes sociales para asegurarse de que el vendedor tiene una huella digital bien informada o impresionante, antes de ponerse en contacto. Si creen que la persona carece de conocimiento o reputación, incluso las posibilidades de iniciar una relación se ven muy disminuidas.

Por lo tanto, es crucial atraer a clientes potenciales con contenido relevante e inteligente. La muestra de empatía intelectual genuina ayuda a atraer más relaciones en línea, y mucho más rápido también. Pero cuidado. Como se dijo anteriormente, los medios sociales no son los foros ideales para hacer lanzamientos de ventas. Mi consejo es que sigan enviándoles material educativo, luego incluyan algo en su empresa y harán clic en él. La razón detrás de esto es simplemente construir confianza. Si un vendedor se encuentra con una discusión en que es relevante para su portafolio o compañía, simplemente debe ofrecer asesoramiento o información objetiva relevante sin mencionar a su compañía. Esto ayuda a construir una imagen de una "conexión" que es imparcial al menos en ese contexto.

Pero, ¿cómo exactamente se produce un contenido tan atractivo a frecuencias tan altas? En realidad es bastante simple. Internet ya está lleno de contenido sobre cualquier tema que se pueda imaginar. La investigación dedicada a través de noticias, o blogs atraerá a cualquier vendedor; es contenido suficiente. Después de esto, le corresponde a él filtrar o curar el contenido que resonará con sus clientes objetivo y luego, expresarlo de una manera atractiva.

Cuando alguien descubre que una persona comparte contenido interesante, la mayoría termina revisando la página de perfil de esa persona. Algunos especialistas pueden ayudar a que las páginas de perfil se vean profesionales, genuinas y atractivas. Puedes ponerte en contacto con nosotros para esto.

Adicionalmente, el uso de servicios como *Buffer* o *HootSuite* también ayuda a programar las publicaciones con mucha antelación. Cargue automáticamente las publicaciones a la hora designada.

Encontrar clientes potenciales y construir "pipeline"

La construcción de un "pipeline" requiere varias "pipelines" más pequeñas y una enorme paciencia. Las cosas no son muy diferentes las *redes sociales*. Generar leads a través de plataformas sociales es mucho más fácil que hacerlo a través de llamadas en frío: esto es un hecho. Sin embargo, un buen vendedor también sabe que unas pocas 'pistas correctas' tienen una importancia mucho más práctica que simplemente generar varias pistas. El índice de referencia de ventas (*salesbenchmarkindex.com*) encontró que sus esfuerzos de ventas promediaron una impresionante tasa de ganancia del 63% en las referencias. Claramente, los clientes potenciales que están respaldados por referencias de sus conexiones más cercanas tienen una mayor probabilidad de convertirse en ventas. ¿Pero cómo construyes esta red o canalización de conexiones a través de referencias?

En primer lugar, conéctese con personas que conoce y forme un círculo de conexión de primer grado.

También puede usar las funciones de búsqueda disponibles en las redes sociales para buscar clientes potenciales. Sin embargo, no tenga la tentación de enviarles invitaciones de conexión, inmediatamente. En cambio, estudie sus intereses y los grupos de los que forman parte. Comparta contenido en dichos grupos, relevante a los problemas que enfrentan los clientes. Es muy probable que terminen contactándolo, lo cual es una gran victoria.

Es muy importante pedir ser presentado. Pregunte a sus conexiones de primer nivel para presentarlo. Esta es una de las mejores formas de expandir su círculo de conexiones. Use una herramienta para centralizar todas sus referencias en un solo lugar. Es mucho más fácil hacer un seguimiento de cada cliente objetivo. Cree conexiones estratégicas con profesionales que comparten el mismo mercado objetivo, pero no el mismo servicio. Mientras él lo refiere a sus conexiones, puede devolver el favor haciendo lo mismo. Este es uno de los métodos más eficientes para expandir su canalización social.

Otra ventaja significativa que ofrece la venta social sobre la venta convencional es el 'multi-threading'. Dado que numerosos profesionales del mismo negocio pueden tener perfiles en la misma red social, puede conectarse con diferentes personas que trabajan para la misma organización. Esto ayuda a aumentar su influencia en esa compañía en varios niveles. Detengámonos por un momento aquí y retrocedamos a la era de las llamadas frías. En esa época, los ejecutivos de ventas tendrían que luchar para superar a los guardianes (hablando en sentido figurado), incluso para tener la oportunidad de lanzar una venta a los mejores clientes. Sin embargo, las ventas sociales le permiten conectarse directamente con los encargados de la toma de decisiones de alto nivel. Incluso un vendedor normal puede usar este poder virtual para influir en decisiones relevantes dentro de una organización.

Una vez que un vendedor tiene un círculo establecido de conexiones, debe intentar moverse de las interacciones en línea a las comunicaciones fuera de línea. El siguiente paso en la relación formada puede ser comunicarse a través de correo electrónico, teléfono o incluso reuniones personales. Esta transición puede ser delicada y no debe apresurarse, bajo ninguna circunstancia. Analice las respuestas dadas por la persona a sus esfuerzos de construcción de relaciones. Si parecen positivos o alentadores, no dude en solicitar una comunicación fuera de línea para analizar su solución.

Recuerde que puede llevar un tiempo saber si un cliente potencial está cerca de convertirse en una venta, o si un referido ha funcionado para obtener una venta. Y la mayoría de las veces, un buen vendedor experimentará reducciones significativas en su ciclo de ventas, dentro de unos meses de emplear técnicas de venta social.

Ingresos y Resultados

Por supuesto, es cierto que la eficacia de una táctica de venta solo puede juzgarse con precisión analizando su ROI. Pero, antes de sumergirnos en números específicos, veamos algunas estadísticas que describen el impacto del uso de las redes sociales en las ventas.

El mérito de hacer que la venta social sea una herramienta indispensable no va para los ejecutivos de ventas o las empresas, sino para los consumidores. Una mayoría aplastante de los compradores, investiga el producto o servicio a través de una búsqueda en Internet, mientras que el 33% acredita las redes sociales para descubrir nuevos servicios o productos.

La mayoría de las plataformas de medios sociales ofrecen herramientas para que las empresas midan el peso de su huella virtual. Al menos el 75% de las pequeñas y medianas empresas citan las redes sociales como la razón del aumento del tráfico web, mientras que cerca de del 89% ha atribuido a las redes sociales una mayor exposición a sus marcas, servicios o productos.

Recientemente, ha habido un aumento dramático en la cantidad de vendedores que utilizan las redes sociales para vender mejor. El 78% de ellos han confirmado que están empleando las redes sociales para vender más que sus competidores.

Algunos gurús de ventas autoproclamados pueden argumentar que la venta social es solo otro fenómeno de corta duración. Sin embargo, casi el 64% de las organizaciones que han estado usando las redes sociales para vender durante más de cuatro años han informado ganancias de ventas significativas, consistentemente.

Se vuelve bastante claro ahora que las redes sociales ofrecen una plataforma estable a vendedores y organizaciones para conectarse mejor con clientes potenciales. La inversión en capacitación requerida es casi insignificante y los resultados son bastante optimistas.

Pero, cambiemos el enfoque de las pequeñas y medianas empresas, y veamos el papel que las redes sociales han jugado para ayudar a las grandes empresas a vender mejor. Una gran cantidad de estudios de casos en el pasado reciente han vinculado las técnicas de venta social con mayores conversiones de *leads* y una mejor eficiencia general de ventas.

El Caso de AT&T

A fines de 2011, AT&T estaba experimentando una disminución significativa en la clientela. Cuando las técnicas de venta B2B convencionales ya no pudieron reducir las ofertas, pusieron en marcha un nuevo equipo de ventas. Este equipo decidió que la mejor manera de abordar el problema era explotar las redes sociales. Crearon un nuevo blog de la compañía para discutir varios temas que eran relevantes para su línea de negocio. Se aseguraron de que el contenido fuera curado con precisión, para un impacto máximo. Usaron *Twitter* y ocasionalmente también *LinkedIn* para correr la voz sobre el blog, ya que estas eran las dos plataformas sociales más visitadas por sus negocios objetivo. En un período relativamente corto, superior a poco más de un año, obtuvieron nuevos negocios por valor de $47 millones, todos atribuidos a iniciativas de venta social, según una fuente oficial.

Conclusión

La evidencia de ventas sociales es muy fuerte, pero también muy fácil de malinterpretar. No asuma, por un segundo, que las iniciativas de venta social solo darán paso a nuevas ventas en su negocio. Las herramientas y técnicas de venta social son realmente tan buenas como el vendedor que las usa. Para convertir más conexiones en clientes potenciales y clientes potenciales en ventas, un vendedor debe poder, en primer lugar, identificar los objetivos correctos. Debe ser capaz de curar contenido que resuene con sus objetivos y debe ser infalible en el arte de la sutileza. Si es demasiado ruidoso acerca de su producto, incluso un gran contenido puede terminar fallando. Y finalmente, debe ser capaz de convertir las relaciones en línea en conversaciones convencionales (por teléfono, en persona, etc.)

El futuro de la venta social no es demasiado ambiguo, para ser honesto. Las empresas que se nieguen a emplear técnicas de venta social se volverán obsoletas, según expertos de la industria. De hecho, en poco tiempo, la venta social como ya lo hemos mencionado repetidamente, se llamará simplemente vender.

~

Construyendo una Metodología de Venta Social

La venta social no es una criatura mítica. La venta social no es solo una palabra de moda. Aprovechar las redes sociales como un profesional de ventas finalmente marcará la diferencia en su carrera. O bien estás en una industria *Tech*, donde las redes sociales ya están siendo utilizadas o estás en una industria más tradicional donde las redes sociales aún no se han puesto al día. De cualquier manera, o bien tiene que estar involucrado con algún tipo de metodología de venta social porque es la norma o tiene la oportunidad de adelantarse a la competencia buceando ahora.

Con alguna frecuencia me invitan a facilitar *workshops* en universidades para hablar sobre *Linkedin* y su efecto en la estrategia de redes sociales. Hay muchos temas discutidos durante los paneles, pero el que más resuena siempre es dónde entran o como se conectan las herramientas como Facebook, *Linkedin*, *Twitter* y otras redes en el ciclo comprador / vendedor y qué es mejor usar.

Una metodología de venta social con *LinkedIn* es más grande que solo la prospección de ventas. Aprovechar las redes sociales como un profesional de ventas debe continuar después de que se crea la oportunidad e incluso después de cerrar un trato. La venta social es más que solo encontrar nuevos compradores, se trata de mantener a los clientes que ya tiene.

~

Mejorar cada Etapa del Proceso de Ventas con la Venta Social

Dustin Ruge afirma que "el número de llamadas en frío que intentó llegar a la persona promedio aumentó casi un 100% menos de una década.

> • Un artículo de *Harvard Business Review* de 2012 informó que el 90% de los ejecutivos de nivel C NUNCA responden a llamadas en frío o explosiones por correo electrónico.
> • Un estudio de IBM encontró que las llamadas en frío son ineficaces el 97% del tiempo, y este número ha aumentado en un 7% cada año desde 2010.
> • *PipelineDeals* incluso informó que el *InMail* de *Linkedin* venció las llamadas en frío por 30X.

Kitedesk publicó un estudio que llegó tan lejos como para mostrar que "los profesionales de ventas que practican activamente la venta social eran SEIS VECES más propensos a superar sus cuotas que los vendedores con habilidades rudimentarias o sin habilidades en las redes sociales".

Lo que sale a relucir una y otra vez es que los vendedores que tomaron el control de su canalización y comenzaron a aprender de las tácticas de mercadeo y ventas avanzadas se destacaron. Los vendedores comenzaron a aprovechar otras herramientas además del teléfono y el correo electrónico para conectarse con los compradores.

Entonces, ¿*es culpa de Mercadeo*?

Las ventas y el mercadeo deben hablar un idioma común.

En muchos casos, los equipos de mercadeo se han estado escondiendo detrás del muro del "nuevo cliente potencial" durante demasiado tiempo y huyendo de cualquier conversación que indique que deberían estar vinculados a los objetivos de ingresos.

A los equipos de mercadeo les gusta enfocarse en la marca y la conciencia, pero no quieren ser responsables de las ventas. Para ser justos, no deberían ser responsables de las ventas, pero deberían ser más responsables de capacitar a la empresa para impulsar más negocios mediante el seguimiento lo más cercano posible a los ingresos.

Esta es la razón por la cual las plataformas que permiten a los empleados compartir contenido como *Hootsuite* están creciendo en popularidad. Es la barrera más baja para ingresar a un programa más grande y permite actividades de venta social para ayudar a los empleados a tener una voz activa y a los empleados que enfrentan al cliente la oportunidad de escuchar y participar con valor. Eso impulsa los ingresos.

Los vendedores han sido encadenados a lo largo de los años. Vinculados a métodos arcaicos y ahora están surgiendo en nuevas herramientas que deberían permitirles tener comunicaciones a mayor escala y conectarse con más personas.

Mire la creciente lista de compañías como que crean listas de correo electrónico altamente precisas, o las que permiten ejecutar una cadencia de teléfono, correo electrónico y comunicaciones sociales para que pueda convertir más cuentas objetivo, hay otras plataformas que crean poderosos planes consistentes de secuencias de correos electrónicos, llamadas y seguimientos con su CRM. La tecnología acumulada en ventas está explotando.

Las áreas de mercadeo deberían capacitar a los equipos de ventas sobre cómo utilizar las herramientas para que sean más efectivas.

"Cuando se trata de prospección, no se enamore de la 'venta social', no se convierta en el mejor vendedor vía correo electrónico o un fanático llamador: utilice todas las herramientas que tiene disponibles para llegar a sus clientes potenciales y, lo más importante, utilice el que más funciona o una MEZCLA.

En cualquier caso, "enamorarse" puede ser extremo, pero le debe gustar vender.

Todo con moderación!

La tecnología de ventas avanza rápido. Las plataformas que antes solo se veían como productos para los equipos de mercadeo de las empresas se están abriendo camino en los equipos de ventas. La brecha más grande es brindar las mejores herramientas y capacitación a sus vendedores para operarlos de manera efectiva.

La venta social no está muerta, todavía está ganando impulso y está evolucionando hacia formas aún más creativas de conectarse y participar. La visibilidad crea oportunidad. En todas las formas.

~

Cómo los Vendedores Sociales Mantienen el Enfoque

¿Sus tiros han estado ligeramente fuera de lugar últimamente? Tal vez es hora de volver a enfocar sus esfuerzos.

Vender socialmente puede ser un proceso agitado, especialmente para aquellos que recién comienzan. Todo el mundo tiene que comenzar desde el principio, y muchos de los expertos en ventas sociales de hoy en día aprendieron a enfocar sus esfuerzos después de mucho ensayo y error.

Muchos gurús de ventas sociales han pasado innumerables horas perfeccionando sus habilidades, centrándose en una parte específica del ciclo de ventas y perfeccionando sus estrategias. Si bien aún necesitará desarrollar una estrategia de venta social holística, estas historias pueden ayudar a identificar ciertas áreas para un mejor enfoque.

Enfoque en la Progresión del "Pipeline"

Es fácil enfocarse únicamente en la cantidad de ventas que está realizando, que es, después de todo, el objetivo final. Sin embargo, hay varias métricas clave que contribuyen al éxito general. La principal evangelista de ventas sociales, *Jill Rowley*, argumenta que se requiere un análisis más exhaustivo. Aquí hay ejemplos de métricas adicionales para rastrear que puede afectar directamente su canalización.

• Calidad de Prospectos
• Número de Conexiones dentro del Target
• Actividad Social Actual
• Referencias / Recomendaciones

Si tan solo hubiera una herramienta para rastrear este tipo de métricas en un entorno profesional, orientado a las ventas... ESPEREN! ☺

Concéntrese en la participación más temprana

Hablando de "pipelines": hay algunos expertos en ventas sociales que argumentan que el enfoque debe ser más directo, donde se llevan a cabo los compromisos iniciales. *Matt McDarby de HubSpot* ofrece este consejo para los gerentes sociales que buscan reenfocar las energías de su equipo.

Centrarse en las primeras etapas del ciclo de ventas requiere una investigación exhaustiva de los comportamientos prospectivos. Si los vendedores pasan suficiente tiempo observando prospectos e identificando sus señales de compra, estarán más preparados para esas primeras etapas de compromiso. Algunas señales de compra frecuentes incluyen:

Preguntas sobre temas de la industria
Críticas a la solución de un competidor

Por supuesto, puede ser un desafío seguir toda esta información manualmente. Tal vez haya una herramienta para automatizar y entregar contenido específico sobre sus prospectos de manera regular...

Enfoque en la Prueba Social

Testimonios, recomendaciones, estudios de caso y referencias: todos estos proporcionan información sobre su cliente potencial y la compañía. Los vendedores deben enfocarse principalmente en estas señales para guiar su estrategia.

¿Cómo sabe que usted (o su cliente potencial) tiene una prueba social significativa en redes sociales especializadas? Busque estas señales:

- Múltiples endosos para una variedad de habilidades / Varios endosos positivos de los mismo productos o servicios
- Conexiones en empresas y competidores relevantes para la industria

Algunos de esos datos están disponibles en los perfiles de *LinkedIn*, pero es probable que lleve mucho tiempo buscarlos a todos.

NO se concentre en el *Status Quo*

Ha desarrollado una sólida estrategia de venta social y ha encontrado el éxito en sus primeras pruebas. ¡Estupendo! No se detenga allí. Incluso si encuentra una respuesta para su cliente, deberá estar preparado para seguimientos y nuevas oportunidades a medida que se desarrolle la relación de ventas. Aquí algunos consejos para vendedores sociales: ¡sigue adelante!

Manténgase informado sobre las actualizaciones, los cambios, las conexiones y las oportunidades de sus prospectos. Después de todo, la venta social es un proceso continuo. Pero, ¿cómo puede mantener todos estos datos juntos sin convertir su bandeja de entrada de correo electrónico en un vertedero de basura?

Herramienta de Apoyo:
LinkedIn Sales Navigator

~

Hagamos una (Mejor) Oferta con la Venta Social

¿Cómo puede saber si su estrategia de ventas es legítima? Los concursantes de algunos programas a menudo hacen cosas locas para ganar dinero en efectivo y premios. Afortunadamente, los vendedores sociales no necesitan usar atuendos divertidos o jugar juegos de azar para lograr el éxito: todo se reduce al conjunto correcto de herramientas y técnicas.

La creación de acuerdos es acelerada e impulsada por la presión. Esto no tiene que ser el caso con la venta social.

Para los vendedores sociales, las ofertas rápidas generalmente no generan grandes ganancias, pero siguen siendo importantes para establecer relaciones con los posibles clientes. Aterrizar un trato rápido requiere algunos compromisos y acciones iniciales, que ayudan a preparar el escenario para acuerdos más grandes más adelante. Exhiba su marca personal con un perfil profesional. Investigue compañías y contactos para la inteligencia de prospectos. Comparta pensamientos y puntos de vista en grupos.

EL GRAN NEGOCIO

Al final de un espectáculo, se invita al ganador para jugar en el *Big Deal*. Esta es la famosa situación de "tres puertas", donde tres premios de valor variable se ocultan detrás de las puertas. Si los concursantes están dispuestos a apostar sus ganancias, entonces tienen la tarea de elegir una puerta. Una vez que se abre la puerta, los concursantes ganan el premio revelado, a cambio de sus ganancias anteriores.

En las ventas sociales, los grandes negocios dependen de los factores que tienen la mayor influencia en el cierre. Si los vendedores no contribuyen a estos conceptos durante el proceso de venta, es probable que sus esfuerzos fracasen.

Tenga en cuenta estos puntos a medida que busca ganar influencia en la esfera social:

Autenticidad. Las personas en línea deben existir como libros abiertos a los pensamientos y la prospecto de un vendedor. Las ventas y el servicio al cliente son sinónimos en las redes sociales: su mensaje debe centrarse en el cliente y ser directo.

Investigación. Busque los factores que pueden garantizar que sus esfuerzos de divulgación no sean infructuosos. No es un juego de azar si se esfuerza por comprender los deseos, inquietudes, puntos problemáticos e intereses de los clientes potenciales.

Cuentacuentos. No solo está vendiendo un producto / servicio, también está contando una historia. Las conexiones sociales se manifiestan con el tiempo: la primera conexión sirve meramente como un prólogo de la historia final. La información esencial puede integrarse en la historia, asegurando que el proceso se mantenga en el tema.

EL SUPER TRATO

Ocurriendo solo un puñado de veces a lo largo de toda la vida, esta es la última batalla de riesgo versus la recompensa.

En el mundo de las ventas, un Súper Trato presenta un dilema similar: ¿el vendedor actúa solo o lleva a todo el equipo para cerrar el trato? Si se incluye al equipo más grande, deberá asegurarse de que estén funcionando a la perfección para continuar la relación existente con el cliente potencial. El saldo de uso de mensajería se puede rastrear herramientas de como *Sales Navigator* de *Linkedin*.

La venta social no es una broma.

~

El Comienzo de la Era de la Venta Social

Parece que fue hace una vida, pero recuerdo las edades oscuras de las ventas. Uno de mis primeros trabajos de ventas me tuvo en un escritorio con las páginas amarillas. Mi trabajo era llamar a todos los profesionales en un disciplina específica en las páginas amarillas y simplemente, vender nuestro servicio. Me encantó la idea de las ventas, los ingresos basados en comisiones, cuanto mejor lo hacía, más dinero ganaba. Me molestaba la táctica de las llamadas en frío. Las llamadas en frío y los correos electrónicos fríos rara vez son emocionantes.

A lo largo de los años, hubo cambios en las tácticas y se introdujeron nuevas tecnologías que automatizarían el proceso de llamadas, enviarían más correos electrónicos e incluso aplicaciones que llenarían mi CRM con datos de contacto. Ayudó pero sabía que había una mejor manera.

Antes de llegar a *LinkedIn*, uno de los mayores desafíos que vi en las ventas fue el acceso a la información sobre las personas adecuadas en las que debería centrarse. Incluso en el espacio de la inteligencia de ventas, *LinkedIn* ya era una popular red social utilizada por vendedores. Las compañías que estaban comprando datos de un proveedor y entregándoselos a los vendedores para llamar esta práctica es pésima, esto es tan malo (sino lo peor), que los departamentos de mercadeo deberían avergonzarse ya que ciegamente hacían lo mismo y luego lanzaban un correo electrónico.

Según *Joanne Black*, cuando se presenta a través de una recomendación, *"su prospecto de ventas se convierte en un cliente al menos el 50% de las vece*s (y muy probablemente el 70% o 90%)"*. Ningún otro enfoque de prospección de ventas o desarrollo de negocios se aproxima a los resultados de ventas como estos. Ninguna!

El problema con la mayoría de las aplicaciones que están en el espacio de ventas sociales es que solo agregan datos. Por supuesto, debe tomar esa información, asegurarse de que sea precisa, relevante, valiosa y hacer algo más con ella. Es un sistema o plataforma totalmente independiente con el objetivo de llamar la atención de un tomador de decisiones o educar a sus conexiones. Los datos son buenos, pero el compromiso es oro.

Ingrese a la era de las ventas sociales

Ya vi suficiente validación personal como vendedor y sentí que el mundo necesitaba saber más sobre las ventas sociales. Dominar la profesión y ser un estudiante de cómo aplicar las redes sociales al proceso de ventas se ha convertido casi en una religión, en un proceso de *evangelización*.

> Cuando observamos la evolución de la venta social, queda claro que, en esencia, la profesión de ventas es la misma, pero las herramientas, la metodología y las habilidades necesarias se han transformado radicalmente.

Pocas redes sociales están mejor posicionada en el espacio profesional que *LinkedIn*. Todos los demás productos de inteligencia de ventas carecen del componente "social" fundamental en la venta social.

Empresas de todo el mundo están interesadas e invierten en ventas sociales. Las compañías que están invirtiendo más han descubierto la verdad.

> *El uso de redes sociales crea relaciones entre compradores y vendedores.*

La Venta Social es Medible

Al probar el valor de la venta social, un equipo a cargo *de Insights de LinkedIn*, profundizó en los datos. Analizaron las actividades de los profesionales de ventas para ver si había tendencias claras en las actividades que producirían mayores resultados de ventas. Está reflejado en lo que se conoce como *índice de venta social*.

Después de identificar actividades básicas, y algunos sondeos nos dimos cuenta que había una correlación entre los altos puntajes del Índice de Ventas Sociales y la cartera de proyectos de ventas. Incluso se pueden obtener detalles sobre actividades en *LinkedIn* para predecir el éxito. La venta social ya no es solo un tema de conversación. Es medible y un modificador positivo para las empresas y los profesionales de ventas. También se ha dicho que altos puntajes del Índice de Ventas Sociales son un indicador o predictor de ascenso de una persona en un equipo de ventas.

Optimizando para el Éxito

Con plataformas como *Sales Navigator* puede obtener *insigths* y utilizar la red social de *LinkedIn* para interactuar con contenido, compartirlo con sus conexiones o aprovecharlo para construir nuevas relaciones. Se ha convertido en una inversión en tiempo comparado con todo el tiempo que se pierde en las redes sociales. Ahora tenemos el control.

~

"Lo Que Debe" y "Lo Que No debe" Hacer en la #VentaSocial

Como vendedor que busca nuevos prospectos para generar clientes potenciales, lo más probable es que haya probado su "suerte" en ventas sociales.

La venta social gira en torno a las redes sociales, lo que le ayuda a mantenerse conectado con sus clientes y obtener más información sobre sus deseos y necesidades a fin de ofrecer su producto en una mentalidad orientada al cliente. En resumen, se trata de educar a sus clientes potenciales sobre su producto y dejar la decisión a su discreción. Cuando se trata de elegir esta opción para realizar ventas, muchos vendedores saltan al nuevo escenario sin comprender lo que se debe y lo que no se debe hacer.

Eche un vistazo a la lista que se presenta a continuación que lo ayudará a comprender cómo generar los resultados deseados con el equilibrio adecuado de ventas y compromiso social.

NO Alabe

¡La prisa es un desperdicio! Si tiene la tentación de comenzar a vender en redes sociales sin metas y objetivos bien definidos, perderá la carrera. Sin establecer sus prioridades y expectativas por adelantado, limitará sus prospectos más beneficiosos.

SI Establezca Metas

Embarcarse en ventas sociales requiere consideración y una planificación vigilante. Para registrar los resultados favorables, antes que nada, debe establecer metas mensurables. Conozca su alcance, su audiencia, sus necesidades y deseos, y decida sobre las estrategias más óptimas para alcanzarlos.

NO Transmita

Deje el mercadeo extenso a otras campañas digitales. La venta social se trata principalmente de construir relaciones y conocer a sus clientes. Bombardear a su audiencia con contenido promocional es mucho menos efectivo de lo que pueda pensar.

HAGALOS Participar

No hace falta decir que la participación del cliente es la clave del éxito de cada negocio. Inicie la comunicación uno a uno y sea accesible a sus clientes como lo haría con sus amigos.

NO Sea Falso

Cuando utiliza las redes sociales sin un propósito genuino para fomentar una relación sólida, sus intentos poco entusiastas no pasarán desapercibidos. Un doble trato no debe ser aceptado en las ventas sociales.

SEA Auténtico

A diferencia del comportamiento pretencioso, los clientes notan las ventajas de su personalidad única cuando están siendo ellos mismos. La comunicación genuina es la base de todo comienzo próspero.

NO Agote la Venta

Si comienza a vender en redes sociales con la mentalidad de cerrar una venta, no le hará ningún bien a su negocio. La venta social es una estrategia poderosa para su negocio si crea oportunidades sin forzar una venta.

SI Agregue Valor

Para convertirse en un recurso de confianza, siempre tenga algo que ofrecer a sus clientes a cambio de su curiosidad. Una pieza de contenido o consejo útil es definitivamente agregar valor a su tono.

NO Explote los Mensajes

Absténgase de vender y enviar innumerables mensajes tan pronto como esté en la plataforma social. No solo obliga a las ventas a reducir sus posibilidades, sino que también cerrará los ojos para explorar, aprender y participar.

SI Escuche

El conocimiento es poder. Conozca las necesidades de sus clientes, los factores que afectan sus decisiones, así como sus competidores y su posicionamiento para ayudarlo a dirigir mejor sus esfuerzos.

NO Intente Cerrar

La venta social se distingue porque no se trata de cerrar tratos de inmediato. Guíe sus conexiones hacia un correo electrónico o un diálogo telefónico más profesional para cerrar. De lo contrario, debe eliminar todos los rastros de confianza y crédito adquiridos hasta el momento.

SI Construya Confianza

Las redes sociales son una excelente plataforma para llegar a los posibles clientes. Después de establecer conexiones que valgan la pena, asegúrese de nutrir esas relaciones para generar credibilidad y confianza. Todo lo demás seguirá sin problemas y sin esfuerzo.

~

5 Habilidades de Ventas Esenciales para la Era Social

Para vender de manera efectiva en la era social, debe asegurarse de que sus habilidades se adapten a la marca de ventas modernas de ritmo acelerado e impulsada por las relaciones.

LinkedIn es excepcionalmente capaz de introducir vendedores en la nueva era.

Aquí hay 5 HABILIDADES ESENCIALES para vender en la era social y cómo *LinkedIn* proporciona las soluciones para implementarlas.

1. Escuchar Socialmente

Hay un mar de información por ahí. ¿Cómo pueden los vendedores bucear y encontrar los prospectos adecuados?

Es posible que se sorprenda al saber que el 90% de los datos en todo el mundo se han creado en el último año. Con tanta información, se vuelve esencial buscar las señales correctas que conducen a mejores prospectos.

¿Qué queremos decir con "escucha social"?

Escuchar de verdad significa que dedicas tiempo cada día para identificar de qué hablan sus prospectos, y luego ajusta los mensajes para alinearse con esa dirección. Si un determinado evento o fuente de noticias capta la atención de un prospecto, deberá aprovecharlo en sus estrategias de venta diarias.

HABILIDAD: cree alertas que le informen cuando un prospecto potencial contribuya a las discusiones en línea, así como también para el seguimiento de los conocimientos generales de la industria.

LA DIFERENCIA DE LINKEDIN: usar la red profesional

2. Desarrollar relaciones en línea

La escucha social es el primer paso hacia la construcción de una relación duradera, pero también debería servir para mantener las conexiones a lo largo de todo el proceso. El intercambio de contenido y el compromiso social completan el proceso de construcción de relaciones, a medida que los representantes de ventas y los prospectos comienzan a comprender lo que el otro puede ofrecer.

HABILIDAD: estudie el comportamiento y el lenguaje de los prospectos, y demuestre que comprende los problemas comerciales a los que se enfrentan; es el primer paso para establecer una relación comercial duradera.

LA DIFERENCIA DE LINKEDIN: conexiones ocultas.

Los mejores vendedores de su clase utilizan *LinkedIn* para una variedad de técnicas de construcción de relaciones, aunque hacen mención específica de las conexiones ocultas que surgen en sus redes. Las conexiones en tercer grado generadas a partir de las relaciones existentes son mucho más efectivas que las llamadas en frío.

3. Investigar Prospectos

En la era social, los mejores vendedores deben saber más acerca de sus prospectos de lo que se conocen a sí mismos.

HABILIDAD: Desarrollar la capacidad de llevar a cabo una amplia investigación social sobre el cliente potencial, el negocio del cliente potencial y los clientes del cliente potencial. Acostúmbrese a conocer estos puntos clave de datos:

- Conexiones entre su empresa y la compañía prospectiva
- Clientes / audiencia compartidos entre ambas compañías
- Recomendaciones y testimonios en las páginas de prospectos

LA DIFERENCIA DE LINKEDIN: Desbloquea

Puede navegar a través de interminables flujos de datos para encontrar nuevas conexiones.

4. Establecer una marca personal

La marca personal es esencial en la venta social: usted desea distinguirse de innumerables vendedores en línea. Construir una marca personal requiere inversión para hacer crecer su red.

HABILIDAD: construya su marca personal conectándose con clientes existentes, contactando con nuevos contactos, creando una presencia profesional en línea y entregando contenido que responda las inquietudes de los clientes potenciales.

LA DIFERENCIA DE LINKEDIN: Perfil Premium

Un perfil completo de *LinkedIn* brinda credibilidad instantánea al público potencial, pero puede dar un paso adicional con los nuevos Perfiles Premium.

5. Venta de soluciones sociales

La venta social ofrece oportunidades únicas para vender en busca de soluciones, directamente relacionadas con el viaje del comprador. Afortunadamente, la búsqueda de puntos débiles del cliente es mucho menos exigente en la era social.

HABILIDAD: utilice sus campañas de escucha social para identificar los problemas que están surgiendo y ajuste su estrategia de ventas para resolver esos problemas específicos.

LA DIFERENCIA DE LINKEDIN: Búsqueda avanzada por palabras clave específicas

¿Ha identificado un problema específico que afecta a su audiencia potencial? ¿Qué pasa si solo quiere ver cómo los tomadores de decisiones a largo plazo están discutiendo el tema?

Con las opciones de Búsqueda los representantes pueden limitar su enfoque de búsqueda por títulos de trabajo específicos, grupos, tamaños de compañía y más.

~

Consejos de Venta Social: Sincronícese con 11 Nuevas Alternativas

Con la cantidad de investigación relacionada con las ventas que está disponible en la actualidad, no hay razón para crear su estrategia sin información relevante y oportuna sobre las ventas.

Recientemente, el principal proveedor de inteligencia de mercado global, IDC, se sumó a la riqueza del conocimiento de ventas al publicar los resultados de su *Social Buying Study*, una encuesta global.

Aquí hay 11 consejos de ventas de la encuesta de IDC que se alinean con las necesidades y preferencias del comprador.

1. El 75% de los compradores B2B y el 84% de los ejecutivos de nivel C usan las redes sociales para tomar decisiones de compra

Para llevar: los tomadores de decisiones se están inclinando más a las redes sociales para ayudar con las decisiones de compra de la compañía. Mejore su capacidad para llegar a los tomadores de decisiones a través de las redes sociales; en los próximos años esto tendrá un impacto directo en el éxito de las ventas.

2. Las redes profesionales en línea son el recurso de información número uno para los compradores en la etapa final del proceso de compra

Para llevar: los compradores están utilizando las redes sociales para la validación. Asegúrese de que su presencia y red social sean compatibles con su mensaje central y estrategia de ventas.

3. Más de la mitad de los compradores B2B han utilizado *LinkedIn* para respaldar su proceso de compra

Para llevar: *LinkedIn* se está convirtiendo en una pieza integral en el proceso de toma de decisiones B2B. Si aún no lo ha hecho, optimice su presencia profesional y actualícela regularmente. Ahora es el momento de convertirse en un usuario avanzado de este tipo de redes sociales.

4. Los ejecutivos *senior* son más propensos a usar las redes sociales

<u>Para llevar</u>: No asuma que los ejecutivos sénior son más difíciles de alcanzar a través de las redes sociales porque lo opuesto es realmente la verdad. Lidere con ideas, es una forma efectiva de captar la atención de los tomadores de decisiones en las redes sociales.

5. Los compradores con mayor influencia son más propensos a usar las redes sociales

<u>Para llevar</u>: aquellos que tienen la mayor influencia en las decisiones de compra son más propensos a confiar en las redes sociales. Use las redes sociales para proporcionar ideas que ayuden a los decisores influyentes a tomar una decisión informada.

6. Los compradores con presupuestos más grandes tienen más probabilidades de usar las redes sociales

<u>Para llevar</u>: cuanto mayores sean las apuestas, más probable es que los compradores aprovechen los medios sociales para tomar decisiones..

7. Los compradores frecuentes son más propensos a usar las redes sociales

Para llevar: ¿Estás notando una tendencia aquí? Los compradores activos son más activos en las redes sociales. Por lo tanto, aumentar su actividad en las redes sociales aumenta la probabilidad de conectarse con compradores activos.

8. Los compradores depositan una gran confianza en sus redes profesionales

Para llevar: Encontrar un camino cálido y recibir una presentación a través de redes profesionales es fundamental para el éxito en el clima actual de compras B2B.

9. Las redes sociales generan confianza y credibilidad en la decisión de compra

Para llevar: Aproveche las oportunidades que brindan las redes sociales para establecer credibilidad y generar confianza durante el ciclo de compra.

10. Los no usuarios de las redes sociales lo usarían si sus pares estuvieran en él

Para llevar: a medida que más compradores implementen las redes sociales en su proceso de toma de decisiones y en las operaciones diarias, la adopción seguirá aumentando. Los vendedores que usan las redes sociales de manera efectiva tenderán a distanciarse de aquellos que no se adaptan.

11. Cómo los compradores usan redes sociales como *LinkedIn*

Para llevar: no dejes de construir su marca profesional y una red en *LinkedIn*. Piense en su presencia digital como una inversión de tiempo que se pagará por sí misma muchas veces.

~

Cuando Digo 'Ventas Sociales', lo que Quiero Decir es 'Proporcionar Valor'

La venta social se convirtió rápidamente en una palabra de moda en el mundo de las ventas. Pero mientras muchos todavía intentan captar el concepto de venta social, otros están aprendiendo que el medio puede ser diferente pero el mensaje sigue siendo el mismo.

La venta social en su núcleo se trata de cómo los vendedores utilizan las redes sociales para escuchar, y comprometerse con los tomadores de decisiones que están utilizando estas mismas redes para hacer preguntas y buscar respuestas. Los vendedores digitales pueden utilizar su marca profesional en redes sociales para llenar su cartera con las personas, los conocimientos y las relaciones adecuadas.

Transformando las ideas en compromiso

Una de las formas más establecidas de utilizar las redes sociales para las empresas es utilizar los esfuerzos de mercadeo social. Si bien esto sigue siendo uno de los medios más importantes para captar audiencias en las redes sociales, también ha producido el beneficio secundario de brindarles a los *mercadólogos* más información sobre el proceso de venta social de lo que podrían darse cuenta.

A través de sus esfuerzos estratégicos, los especialistas en mercadeo han obtenido información sobre lo que sus compradores están leyendo, viendo y diciendo, particularmente cuando se trata de comprender sus puntos débiles y momentos importantes de la vida. A su vez, esto permite que los especialistas en mercadeo ayuden a los profesionales de ventas de los equipos a comprender dónde deben estar y cuál es la mejor forma de entablar conversaciones.

Think Value Not Sales

Esto también resuelve un problema común relacionado con el retorno de la inversión en lo social. Con el mercadeo cada vez más medido en actividades de generación de "pipelines", como seguimiento de la conversión de clientes potenciales calificados para ventas a clientes potenciales calificados, la venta social les ofrece a los especialistas en mercadeo la capacidad de demostrar que, en cualquier trimestre dado, han desarrollado una cantidad determinada de clientes potenciales que han sido negocios cerrados.

Se trata menos de vender productos y más de proporcionar valor a sus clientes.

Sin embargo, el término ventas sociales sigue siendo un poco engañoso. Esto se debe a que, si bien funciona a nivel básico en el desarrollo de clientes potenciales calificados, no se trata tanto de vender productos como de brindar valor a sus clientes.

Elija contenido que agregue valor

El viejo adagio, *"el contenido es el rey"* todavía se aplica en el contexto de la venta social. Todo vendedor debe adquirir el hábito de saber qué contenido agregará el valor percibido a los ojos de su red objetivo. Al hacer una simple búsqueda de palabras clave, los vendedores pueden descubrir qué es lo que está en tendencia, quién más está hablando sobre el tema y si los clientes interactúan y comparten esa información.

Agregue un valor que supere lo que sea que esté pidiendo a cambio

Como vendedor, debe recordar agregar valor que exceda lo que está pidiendo a cambio. Recuerde que el rol del vendedor ha cambiado. Ahora juega el doble papel de conserje de toda la información, así como recursos para ayudar a los compradores a tomar las decisiones más educadas, incluso si no eligen su plataforma.

La marca te ayuda a destacar entre la multitud

Debido a que muchos vendedores ofrecerán servicios similares a los sociales, la marca es crucial para sobresalir entre la multitud. Y al igual que las ventas en persona, la percepción es todo. Un vendedor podría ser entrenado en todas las mejores prácticas para identificar e involucrar a los tomadores de decisiones en cualquier cantidad de plataformas sociales, pero si su marca no es cautivadora, se encontrarán descontados inmediatamente por posibles clientes potenciales.

Lo peor que puede hacer es comenzar a lanzar su producto porque no es así como agrega valor. Eso significa que una marca personal sólida será una que no solo se muestre madura y bien versada en el espacio, sino que también pueda ser referenciada por los clientes potenciales como centro de recursos y centro de información.

Por lo tanto, incluso si su información no es un contenido creado originalmente, encontrará más y más negocios viniendo a usted debido a la experiencia que está demostrando a través de sus canales sociales.

Mantenga a sus prospectos en movimiento a través del oleoducto

Una vez que se incorpora el flujo y su equipo de ventas ha comenzado a ver los clientes potenciales entrantes a través de la canalización, el siguiente paso es aprender cómo descalificar a los clientes potenciales más rápido de lo que los califica. Eso puede sonar contradictorio, pero debe alejar a las personas de su cartera más rápido de lo que están ingresando. Para hacerlo de manera efectiva, debe usar las definiciones correctas, lo que significa comprender lo que realmente buscan esos compradores.

Encontrar la forma correcta de cortar el ruido será fundamental para racionalizar este proceso. La utilización de un panel integrado de redes sociales como *Hootsuite*, permite a los vendedores reducir el desorden social y encontrar conversaciones más significativas y digeribles, mientras se involucran fácilmente en esas conversaciones.

Aprovechando los eventos desencadenantes

Al limitar las transmisiones en función de palabras clave, datos demográficos o ubicaciones geográficas, se puede aplicar un enfoque mucho más específico a la venta social, y los clientes potenciales del canal serán más calificados desde el inicio de un evento desencadenante.

Desde el momento de un evento desencadenante, ya sea un cliente que ve su perfil de *LinkedIn* o un iniciador de conversación calificado en *Twitter*, ¿cómo mueve el "pipeline"?

Ante todo, comprenda su liderazgo potencial a través de sus perfiles sociales. Si está en Twitter, ¿de qué están *twitteando*? ¿Comparten contenido en *LinkedIn*? Al compartir orgánicamente parte de su contenido a través de sus propias plataformas, puede comenzar a desarrollar una relación con sus clientes, y una vez que comiencen a darse cuenta de que les está prestando atención, comenzarán a involucrarse más allá de ese evento desencadenante inicial.

Proporcionar información, no presentaciones de ventas

Ahí es cuando usted sabe como vendedor que ha captado su atención. Ya no los está interrumpiendo y ahora es cuando puede conectarse con ellos. Sin embargo, lo peor que puede hacer en este momento es comenzar a lanzar su producto porque no es así como agrega valor.

En su lugar, desea llegar a un punto con los responsables de la toma de decisiones en las redes sociales donde le piden que acuda a ellos con información, por lo que debe centrarse en mover la conversación de en línea a fuera de línea.

Al final del día, la venta social se trata más de escuchar y participar socialmente. Está tratando de fomentar las relaciones con compradores potenciales de tal manera que se convierta en la opción obvia cuando se trata de tomar una decisión de compra.

~

Salvador Dali y el Arte de la Venta Social

Uno de los artistas más reconocidos de nuestro tiempo, *Salvador Dalí*, poseía un estilo altamente imaginativo y grandioso con su trabajo. Él defendió el uso del simbolismo, particularmente con su famoso trabajo de "relojes de fusión" en *The Persistence of Memory*.

Los artistas en ciernes veían a *Salvador Dali* en busca de ejemplos de pensamiento verdaderamente "listos para usar". Al igual que los trazos de un pincel, la venta social existe como una forma de arte graciosamente dirigida por el artista. Los vendedores dotados comprenden las herramientas disponibles para ellos y pueden maniobrar hábilmente a través del proceso de venta. También toman riesgos, mirando fuera de las tácticas de venta comúnmente utilizadas para obtener nuevas pistas y oportunidades.

Aquí hay tres de las piezas más memorables de Dalí, y cómo sus mensajes se traducen en el mundo de las ventas sociales:

1. La persistencia de la memoria

Esta pieza incluía la primera instancia del famoso reloj de bolsillo fundido de Dalí, que simboliza una visión *einsteiniana* de la relatividad espacio / tiempo. Dalí construyó un mensaje que eventualmente lo llevaría a un descubrimiento "científico" en piezas posteriores.

El descubrimiento es el primer paso para cualquier vendedor social moderno, a través de la investigación prospectiva inicial y hacia el cierre final. Dalí fue un campeón de la lucha contra la sabiduría convencional, y la venta social también va en contra de las tácticas de venta convencionales. El compromiso y la construcción de relaciones son la base de las ventas sociales, a veces un gran contraste con las técnicas de venta directas y obsoletas.

2. La aparición de una cara y el plato de fruta en una playa

La cara que se funde en la copa de vino representa un doble significado. Al igual que la ilusión óptica de vidrio de vino popular, la pintura se puede interpretar en varias prospectos. Dalí usó estas imágenes para trazar los pensamientos y sentimientos inconscientes dentro de la mente de una persona.

Si bien no podemos identificar lo que un prospecto está pensando en un nivel inconsciente, la venta social puede darnos una visión mucho más detallada de lo que los motiva. Los perfiles personales son un vistazo a esta información, pero asegúrese de seguir sus acciones, recomendaciones y comentarios: estas señales sociales son señales explícitas para ayudar a entender los intereses potenciales.

3. Naturaleza muerta viviente

Otra de las obras maestras de Dali, *Living Still Life* representa objetos inanimados en una mesa. Sin embargo, el mismo Dalí señaló que, si bien la imagen se puede llamar una naturaleza muerta, nada en la imagen es realmente inmóvil. La mente humana interpreta los objetos en movimiento, un recordatorio tácito de que nuestras percepciones nunca se detienen por completo hasta que dejamos este mundo.

La venta social tampoco es un proceso de encendido / apagado. La venta final debe considerarse un impulso hacia una larga relación social, sustentada con la participación grupal, las recomendaciones y el control social ocasional. Esté preparado para mantenerse constantemente en contacto con los prospectos. Dalí es a menudo considerado como un pionero del surrealismo, pero se fascino por las actividades científicas más adelante en la vida. Si la venta social le parece surrealista, tome algunos consejos de las exploraciones de Dalí, y vea cómo afectan su capacidad para cerrar el trato.

~

La Evolución de
la Venta Social

El negocio de vender siempre ha sido social. Aunque los resultados finales de generar nuevos ingresos siguen siendo los mismos, las tácticas como cualquier cosa en la vida deben cambiar para adaptarse al panorama actual.

Una breve historia de ventas

El arte del trueque es ventas en su forma más temprana; en su mayor parte, se trataba de transacciones entre personas de diferentes pueblos, tribus o comunidades. Cada uno con sus propios recursos que usarían para intercambiar por otros recursos. Era un proceso difícil que a veces requería largos viajes por tierra y mar.

Este contacto persona a persona generó relaciones sólidas, desarrolló la confianza del comprador y del vendedor y, con algo tan simbólico como un apretón de manos, los vendedores ponían en riesgo su reputación por su producto o servicio.

Se creó el centro de llamadas de *telemercadeo* moderno y se crearon bancos telefónicos completos para aprovechar la capacidad de conectarse con los clientes a una escala nunca antes vista.

La evolución de las ventas modernas

A medida que el siglo 21 se acercaba, el correo electrónico se estaba volviendo más frecuente. Era un tema debatido con el equipo de vendedores, si tendrían acceso a un correo electrónico o si debería reservarse solo para los ejecutivos.

¿Se imagina no tener correo electrónico?

El correo electrónico se convirtió en la "nueva herramienta" para que los vendedores se comunicaran con posibles clientes sin tener que ir de puerta en puerta o esperando hablar con ellos por teléfono. Lamentablemente, se confió demasiado en esta nueva herramienta y el resultado final de tratar de jugar el juego terminó etiquetado como SPAM.

Siempre he sido un representante de ventas de una u otra forma, al inicio, como representante de otra empresa, ahora como representante de la mía. A veces las cuotas eran importantes, otras veces no. Pero me di cuenta de que las tácticas de venta heredadas de mis predecesores no funcionaban. Marcar por dinero y lanzarme a cualquiera que respondiera el teléfono era una batalla perdida. Tuve que tomar una decisión importante; ¿Mantengo el camino tradicional o me alejo del camino habitual y luego hago algo radicalmente diferente y seguramente perturbador?

Inevitabilidad de la Venta Social

Esto nos lleva a nuestra herramienta de ventas más nueva, las redes sociales. No solo es una herramienta de mercadeo, las redes sociales se convierten en un instrumento de precisión para la venta social. El arte de escuchar y participar a escala global puede ser muy rentable si se hace bien.

El proceso de compra social ha cambiado las ventas y le ha dado más control al comprador. Los compradores ya no tienen que obtener información de los vendedores, pueden autoeducarse, investigar sobre las mejores tecnologías y pedirles recomendaciones a sus conexiones de confianza.

Ahora, en lugar de tener largas convocatorias de descubrimiento, se espera que los profesionales de ventas tengan una visión social de sus prospectos y una comprensión de lo que sucede en la industria.

Estas nuevas tendencias han llevado a los ejecutivos a seguir los perfiles sociales de otros ejecutivos en un intento de mantenerse conectados, informados y disponibles para la colaboración siempre que sea posible.

La era de la venta social está sobre nosotros. Las empresas de alto rendimiento como IBM y ahora *Salesforce*, entre otras, ya están cosechando los beneficios financieros y de marca al empoderar a sus equipos de ventas con capacitación en ventas sociales y acceso a las mejores herramientas disponibles.

¿Crees que los compradores B2B van a dejar de conectarse con otros profesionales en su industria?

Ahora hay billones y próximamente trillones de búsquedas de personas cada año en redes sociales, especialmente en RRSS como *LinkedIn*. ¿No cree que eso va a revertir el rumbo?

¿Cree que la caída en picado de las tasas de llamadas se estabilizará y luego revertirá el rumbo y mejorará?

Hoy, las tasas de llamadas frías tienen una efectividad cercana al 1% algo absolutamente absurdo, especialmente si se consideran las llamadas en frio aun como una estrategia.

¿Cree que las tasas de respuesta al correo electrónico van a mejorar? ¿De verdad creemos que a medida que el volumen de correo electrónico aumente exponencialmente, vamos a revertir el rumbo y pronto nuestros representantes disfrutarán de tasas de respuesta de correo electrónico mucho más altas?.

En un mundo que ha cambiado tanto así, ¿no es inevitable que los representantes de ventas se encuentren en una grave desventaja sin las redes sociales como "filosofía"?, ¿cómo podrían hacer su trabajo sin eso?

~

El Pequeño Correo Rojo de la Venta Social

The Little Red Book of Selling de *Jeffrey Gitomer* ha ayudado a muchos de los profesionales de ventas de hoy en día a escalar el éxito de ventas. Si lo ha leído, sabrá que el libro presenta 12.5 principios de grandeza de ventas. Publicado cuando Internet todavía estaba cambiando rápidamente, *El Little Red Book of Selling* se adelantó a su tiempo.

Examinaremos las 12.5 razones de *Gitomer* por las que los clientes compran. Descubrirá que estas razones son tan ciertas hoy como el día en que fueron escritas. También encontrará las mejores prácticas de venta social aplicables.

Sin más preámbulos, aquí vamos:

Razón # 1: Me gusta mi representante de ventas

Gitomer proclama que "*el gusto es el elemento más poderoso en una relación de ventas*", ya que conduce a la confianza, lo que conduce a la compra, lo que lleva a una relación. Es el ciclo de vida de las ventas.

Un perfil optimizado de *LinkedIn* puede ayudarlo a ponerse en forma con sus prospectos. Al demostrar que es un socio serio que se preocupa por el éxito de sus clientes, de inmediato es más agradable a los ojos de los compradores de su industria.

Razón # 2: Entiendo lo que estoy comprando

En la era de las ventas sociales, los profesionales de ventas demuestran valor al ayudar al cliente a obtener una comprensión profunda de cómo la solución propuesta puede resolver problemas y satisfacer las necesidades específicas del cliente.

Razón # 3: Percibo una diferencia en la persona y la compañía de la que estoy comprando

Al igual que la metodología de ventas de su empresa presenta tácticas para diferenciar la oferta de la competencia, también debe encontrar formas de distinguirse de los representantes de ventas competidores.

Razón # 4: Percibo un valor en el producto que estoy comprando

Su capacidad para comprender primero las necesidades y motivaciones de un cliente potencial contribuye en gran medida a demostrar el valor de manera efectiva. Pero antes de eso, necesita llamar su atención con una propuesta de valor efectiva.

Razón # 5: Creo en mi representante de ventas

Este es simple. Siempre diga la verdad... siempre.

Razón # 6: Tengo confianza en mi representante de ventas

La primera parte de ganar confianza es hacer siempre lo que dijo que haría para cuando dijo que lo haría. Después de eso, hay muchas maneras de establecer el tipo de credibilidad que aumenta la confianza: Un perfil de *LinkedIn* orientado al cliente con historias de éxito del cliente documentadas puede consolidar su reputación como un asesor o consejero de confianza. Crear y/o seleccionar contenido relevante y perspicaz muestra que está comprometido a estar al tanto de lo que sucede en su industria. Comunicarse de manera estratégica y reflexiva muestra que respeta el tiempo de los prospectos.

Razón # 7: Confío en mi representante de ventas

Si, de nuevo!

Razón # 8: Me siento cómodo con mi representante de ventas

Hay dos tipos de escucha: Escuchar para comprender y escuchar para responder. Escuchar para entender le muestra a los prospectos que le importan sus intereses. *Dale Carnegie* alentó a los profesionales de ventas a interesarse genuinamente por otras personas y proclamó que *"puede hacer más amigos en dos meses si se interesa por otras personas de lo que puede hacerlo en dos años al intentar que otras personas se interesen en usted"*.

Razón # 9: Siento que hay un ajuste de mis necesidades y su producto o servicio

Suponer que su oferta se ajusta a las necesidades de un cliente potencial es una forma segura de salir de una venta. En su lugar, intente comprender si su solución aborda los problemas y objetivos específicos a los que se enfrenta cada prospecto.

Razón # 10: El precio parece justo, pero no es necesariamente el más bajo

En las ventas corporativas, a menudo es la opción más barata con la mayor desventaja. El valor gana, no el precio.

Razón # 11: Percibo que este producto o servicio aumentará mi productividad

Si está interesado en productos que aumentan la productividad de las ventas, considere *Sales Navigator* o *Salesforce*.

Razón # 12: Percibo que este producto o servicio aumentará mi beneficio

¿Ha identificado otras herramientas de apoyo a las ventas?

Razón # 12.5: Percibo que mi vendedor intenta ayudarme a construir mi negocio para ganar en el suyo.

Mi vendedor es un recurso valioso para mí.

Y de eso se trata la venta social: convertirse en un recurso valioso al ayudar a los clientes a alcanzar el éxito.

¿Su estrategia de ventas sociales representa todas las razones por las que las personas compran? ¿Cómo se puede adaptar su estrategia de venta social para que sea más "amigable para el comprador"?

~

Aquí están los otros 12.5 principios de *Gitomer* para grandeza de ventas:

Principio # 1: Patee su propio trasero

Aquí hay algunos síntomas que pueden no ser <u>automotivados</u>, o "responsables de ventas":

- Ver televisión en la noche cuando podría leer libros o prepararse para un llamado de ventas al día siguiente.
- Puede trabajar "a tiempo" en lugar de hacer una llamada de ventas por la mañana.
- "Se va" en momentos en que realmente no debería.

Las largas cadenas de rechazo y los prospectos que "no se puede perder" oscurecerán su capacidad de decidir y pueden afectarle... si lo permite. Nadie le va a poner una bota en la espalda. Le toca dejar de llorar, levantarse y continuar atacando el día con vigor. Para ser excelente en ventas, sea su propio gerente de ventas, el que exige más de sí mismo. Existe una lista interminable de cosas que puede hacer para mejorar en las ventas. ¿Qué es lo peor que podría pasar si se esforzara un poco más?

Principio # 2: Prepárate para ganar, o perder frente a alguien que lo es

Gitomer sostiene que "*el día laboral comienza la noche anterior*". Estar preparado significa conocer todo lo que posiblemente pueda saber sobre la empresa de su cliente potencial antes de una reunión para que pueda preguntar qué es lo que no comprende. En la era digital, hacer preguntas desde una posición de ignorancia es completamente inaceptable. Usted lo sabe. Sus prospectos lo saben.

Principio # 3: Ventas a partir de su Marca Personal: no es a quien conoce, es quién lo conoce

Para la mayoría de los profesionales de ventas, la marca personal se logra a través de una presencia optimizada en RRSS como *LinkedIn*. No sea uno de esos *no-show* cuando un prospecto vaya a buscarlo en línea. Asegúrese de que no solo sea visible, sino que haya presentado su mejor diseño digital.

Principio # 4 Se trata de valor, se trata de una relación, no se trata de precio

El primero de los principios de *Gitomer* de dar valor y ser valioso es *"comercializar con material e información sobre posibles clientes y no sobre usted"*.

Principio # 5: NO es trabajo, es trabajo en red

Los contactos y conexiones correctas pueden impulsar su éxito de ventas sociales a otro nivel. Afortunadamente, las redes profesionales nunca han sido más fáciles de lo que son en este momento, en la era de *LinkedIn* y la venta social. Existen muchas situaciones de venta en las que los contactos pueden ayudarlo a establecer relaciones con sus clientes potenciales.

Principio # 6: Si no puede ponerte frente al verdadero tomador de decisiones...

A veces es fácil convencernos de que estamos avanzando en una cuenta porque tenemos una relación amistosa con alguien en el interior. Pero cuando esa relación no cede el acceso al verdadero tomador de decisiones, todo es en vano. Si no sale de su zona de confort e intenta obtener acceso a la persona que toma las decisiones, estás perdiendo el tiempo. Su estrategia de ventas debe incluir los resultados tangibles y los resultados medibles que obtienen reuniones con los responsables de la toma de decisiones desde el principio.

Principio # 7: Involúcrese y puede hacer que incluso me convenza a mí.

Gitomer proclama que el aspecto más importante de hacer una venta es también una gran debilidad de cada vendedor.

La investigación exhaustiva es una forma de hacer preguntas más inteligentes. Y si sus prospectos están en silencio, en realidad es algo bueno. Significa que hizo una pregunta inteligente e inspiradora. Ahora solo sea directo y déjelos responder.

Principio # 8: Si puede hacerlos reír, puede hacerlos comprar

Este principio no es para todos, y a veces puede ser contraproducente. Pero si tiene la habilidad de hacer reír a los demás, definitivamente tiene una ventaja sobre su competencia. A veces es tan simple como compartir una historia divertida.

Principio # 9: Use la CREATIVIDAD para diferenciar y dominar

No está limitado a la metodología de ventas y los activos de mercadeo de su empresa. De vez en cuando, someta ese cerebro suyo a un entrenamiento. Piense en nuevas formas de diferenciarse de cualquier otro representante de ventas que su prospecto encuentre.

Principio # 10: Reduzca su riesgo y convierta la venta en compras

Los compradores de hoy quieren pruebas. ¿Cómo se las está dando?

Principio # 11: Cuando lo dice usted mismo, es fanfarronear. Cuando alguien más lo dice acerca de usted, es una prueba

Sea honesto, ¿cuántas veces ha perdido una oportunidad de oro para un testimonio?. Si es como la mayoría de los profesionales de ventas, la respuesta es muchas. El mejor momento para pedir un testimonio es el momento exacto en que recibe una palmadita en la espalda. Un testimonio de *LinkedIn* servirá como una prueba para todos los prospectos futuros que lo determinarán antes de decidir si proceder.

Principio # 12: Antenas arriba!

Gitomer alienta a los profesionales de ventas a usar su sexto sentido: la sensación de vender. Usted tiene el poder de configurar su mente para la grandeza de las ventas.

Principio # 12.5: renuncie a su posición como gerente general del universo

...

Tiene su propia carrera de la que preocuparse. Manténgase enfocado en eso. No sirve de nada quedar atrapado en el drama de otras personas. *Jeffrey Gitomer* no tiene pelos en la lengua cuando describe lo que se necesita para lograr la grandeza de las ventas, pero es un buen recordatorio de que para lograr el éxito, a veces es necesario ser franco con usted mismo.

¿Cómo está exigiéndose más de sí mismo?

~

¿Morirá la Venta Social?

No faltan los enemigos de lo bueno, la idea de que un concepto joven como la venta social está muerta o muriendo podría ser un poco exagerada.

Las llamadas frías sí que deberían estar muertas, pero cada año me encuentro con empresas que aún confían en ellas. Ahora no es tan malo como entregar guías telefónicas a los vendedores, pero han hecho el equivalente digital y han entregado a un representante de ventas un CRM lleno de nombres que se compraron de un proveedor que combina con el perfil ideal del cliente.

La confusión es si la "llamada en frío" como se define arriba está muerta. Yo diría que SI el 99% del tiempo. La mayoría de los expertos en llamadas frías ya no confían en llamadas en tiempo real, sino que promueven un enfoque más combinado que aún se inclina hacia más llamadas telefónicas, y sí, todas ellas usan las redes sociales en cierta medida para vender su ideología. Lo que se ve como irónico.

La venta social por sí sola no es suficiente

Defino la venta social como el aprovechamiento de su marca profesional para llenar su cartera de clientes con las personas adecuadas, lo que lleva a la comprensión y la construcción de relaciones más fuertes.

No es la única jugada que se ejecuta, pero debe ser parte de su libro de jugadas. La palabra "social" o incluso "redes sociales" no se mencionan en la definición. ¿Eso es raro? No lo creo, creo que identifica que se trata más de cómo te reciben, miran, te etiquetan si quieres que lo que hace con el medio. Pero el medio es importante.

Las redes sociales son el máximo ecualizador que puede hacer que las pequeñas empresas se vean como imperios y le brinden a la persona promedio una plataforma para potencialmente llegar a millones.

¿No deberían llamarse ventas? Probablemente. ¿El mercadeo digital es solo mercadeo en este punto? Sí, en su mayor parte. Le damos un apodo especial porque es nuevo y se le debe dar un enfoque especial para explorarlo y definirlo más.

No apostaría a crear un perfil social para obtener mi primer contrato grande, ni apostaría a arruinar miles de correos electrónicos al azar, ni a hacer prospectos ciegos de una lista desconocida. Las ventas, y especialmente la prospección, son y siempre serán una combinación de CANTIDAD, el número de actividades y el tipo de actividad y CALIDAD, la profundidad y personalización de cada interacción.

Esto es válido, un poco extremo pero válido, pero lo que más me preocupa es que "los prospectos ciegamente fríos de una lista desconocida" es lo que mucha gente querría que los líderes de ventas crean que es el proceso correcto. Creo que esto debería ser un último recurso absoluto y es el signo de una fuerza de ventas desesperada.

También me parece preocupante que una empresa compre un producto de marcación automática para que puedan llamar sistemáticamente cientos personas a la vez y luego conectarse cuando alguien responde su teléfono. Eso es ridículo y, sin embargo, hay compañías que también y aun compran productos como ese.

La personalización es la clave. Ser humano es la clave. ¿Cuáles son las posibilidades de que pueda ser personal o remotamente humano cuando una máquina lo conecta con la primera persona que contesta su teléfono, dándole aproximadamente 2 segundos para saber con quién se está conectando? Apuesto que es bajo.

¿Alguien más está confundido?

¿Los líderes de opinión de ventas sociales realmente piensan que los vendedores deberían pasar horas creando contenido y administrando plataformas de redes sociales?

No quiero intentar hablar por todos los líderes del pensamiento, pero NO. No creo que este sea el caso y siempre he sido escéptico al decir que deberían hacerlo. La verdad es que la mayoría de los vendedores no deberían estar escribiendo. Pedirle a alguien que no puede escribir un correo electrónico decente que se convierta en un *blogger* es un salto riesgosamente grande.

Ahora, me he encontrado con muchos vendedores talentosos que saben escribir bien, y les digo que lo hagan. Tal vez escribir no es lo suyo, tal vez te gusta el video. Puede crear videos. También puedo decir que no todos deberían crear contenido, pero todos deberían compartirlo y participar.

Ahora, ¿deberían los vendedores administrar las redes sociales? ¡SÍ! ¿Qué podría ser mejor para ayudar a construir una marca profesional y proporcionar valor a los compradores potenciales?

La personalización es la clave. Ser humano es la clave. Las redes sociales alimentan la conexión humana.

En los últimos años hay dos confusiones principales sobre la venta social, una es propagada por la comunidad de capacitación en ventas o compañías de automarcado que han construido sus carreras completas sobre los métodos de 'llamadas en frío' de antaño y la otra es que *"el que es vender"*, no se ha definido de manera consistente, y la falta de claridad es una de las cosas más confusas de la historia.

Es engañoso y también diría que es fraudulento comenzar una relación haciéndome pensar que me está llamando desde la puerta de al lado cuando en realidad está llamando desde cualquier otra parte del país. Tal vez es mezquino, pero si necesita engañarme para que conteste mi teléfono, eso un pequeño intento de interrumpir mi vida.

Haga que su CEO se acerque a LinkedIn

¿No sería ese un tipo de venta social? Entrar en FRIO nunca debería ser una opción sino aprovechar las conexiones para obtener presentaciones, ahora que puedo estar detrás del 100%

El trabajo de mercadeo consiste en convertir el interés en una necesidad a través de la educación

Ahora bien, esto puede ser cierto, pero el mercadeo tiene muchos trabajos, así que me concentraré en el lado de la generación de demanda de un departamento de mercadeo, su trabajo es liderar, nutrir y calificar lo suficiente para que un vendedor se ponga en contacto.

Como todos sabemos, el mercadeo no produce oro durante todo el día. Ellos tienen una fórmula que están tratando de optimizar.

Opp = nuevos leads * promedio de porcentaje de conversiones. Entonces, si necesita 100 nuevas oportunidades de venta para convertir al 20% para obtener 5 nuevas oportunidades de venta y tiene la tarea de obtener 50 nuevas oportunidades al mes, tienen que construir una máquina para obtener hasta 1000+ nuevas oportunidades de venta al mes.

Incluso con la simple matemática, la importancia de que los vendedores continúen generando sus propios clientes potenciales y su canalización aún está allí. Continúo escuchando que los vendedores necesitan producir más del 60-70% de su propio "pipeline".

¿Es culpa de mercadeo? Tal vez.

Siga los datos y el análisis

Vamos a creer por un momento que es un hecho y los vendedores necesitan conducir su propio "pipeline". ¿Cómo se supone que deben hacer eso con la información disponible?

- Al menos el 67% del viaje del comprador ahora se hace digitalmente.

- Los tomadores de decisiones consumen al menos 5 piezas de contenido antes de interactuar con un representante de ventas.
- El 75% de los compradores B2B y el 84% de los ejecutivos de nivel C o vicepresidente utilizan las redes sociales para tomar decisiones de compra.

¿Por qué es esto confuso? Si los compradores tienden a buscar productos y servicios en línea, ¿no se inclina eso también hacia los vendedores que operan en esos ecosistemas?

Hay muchas historias de cómo las redes sociales desempeñaron un papel importante en los éxitos de un vendedor o una compañía. Este atenta a ellas.

~

MERCADEO DE CONTENIDO PARA LA VENTA SOCIAL

¿Qué Clase de Contenido Aman los Compradores?

Cuando se trata de contenido, los compradores tienden a preferir el contenido visual. ¿Por qué esto es así? ¿Sabía que las personas pueden procesar imágenes cerca de 1.000.000 veces más rápido que el texto?

Las personas retienen el 80% de lo que ven, pero solo el 20% de lo que leen y el 10% de lo que escuchan. El cerebro ama el material visual: el 90% de la información que se transmite al cerebro siempre es visual.

¿Cómo puede utilizar esta información? ¿Sabía que usar imágenes más grandes puede aumentar las ventas en un 46%?. Los sitios minoristas con contenido de video tienden a aumentar la conversión hasta en un 46%. La conclusión es que si usted o su organización no usan contenido visual para generar ventas, entonces se está perdiendo una gran parte de los posibles resultados.

Los logotipos, la tipografía, los colores, los símbolos y las imágenes te ayudan a identificar los valores y la personalidad única de su marca. Cuando utilizas contenido visual, tiene el potencial de volverse viral. El contenido se comparte 3 veces más rápido que el texto, así que imagine lo que el intercambio social puede hacer por sus ventas.

¿Cómo utilizar el contenido visual para su propia ventaja?

Aquí hay dos herramientas simples de visualización de datos.

Infografía

Los editores que usan infografías tienden a ver un aumento del 12% en el tráfico que aquellos que no lo hacen. ¿Qué son las infografías? Son cuadros o diagramas que se utilizan para representar información o datos. La infografía hace que un tema complejo sea más fácil de leer, resumir y comprender. También agrega profundidad y valor a su información existente y ayuda a facilitar la comprensión rápida.

Memes

Los memes son una forma popular de expresar el humor a través del arte de la parodia. A menudo es más fácil hacer llegar un mensaje a su audiencia utilizando el humor. Los memes con contenido GIF generalmente se vuelven virales en las redes sociales rápidamente, así que no temas utilizar el humor para su beneficio.

Popularidad de los medios visuales en las plataformas sociales

YouTube ve 100 horas de video subidas por minuto. Es el segundo motor de búsqueda más grande junto a Google y procesa mas de 3 mil millones de búsquedas por mes.

Pinterest ha visto 50 mil millones de 'pines' recolectados por personas en más de mil millones de tableros. Se fijan más de 14 millones de artículos por día.

Instagram ve al menos 200 millones de usuarios activos mensuales y procesa un promedio de 70 millones de fotos compartidas todos los días.

SlideShare tiene más de 50 millones de visitantes únicos por mes y más de 10 millones de cargas. Esta herramienta ayuda a aumentar su presencia en línea el SEO y además aumenta su clasificación de Google.

Los datos publicados de *Twitter* muestran que el ~30% de los *retweets* contienen fotos y el ~30% contienen videos. Los *tweets* de imágenes tienden a obtener más *retweets* hasta en un 150% y un 20% más de clics que en texto sin formato.

5 Formas de usar contenido visual con éxito

- Utilice siempre un contenido visual atractivo para vincular a su blog desde sus redes sociales.
- Intente usar contenido humorístico para crear una impresión duradera.
- Optimice sus diseños para todas las redes sociales.
- Use plantillas de diseño uniformes.
- Emplee *hashtags* de manera efectiva.

~

Mercadeo de Contenido: El Esqueleto Clave de la Venta Social

La venta social es compleja e involucra muchos elementos diferentes. Sin embargo, uno de los aspectos más importantes de las ventas sociales es bastante simple. Independientemente de lo que venda o de su clientela objetivo, debe participar activamente en el mercadeo de contenidos.

Los vendedores trabajan juntos en la habilitación de ventas para crear contenido que sea de valor real para los clientes potenciales. El objetivo final es desarrollar un embudo de ventas mucho más confiable; o "pipeline"; lo que resulta en ROIs mucho más altos, ofertas más rentables y conversiones de clientes.

Según el estudio realizado por *Aberdeen Group* en 2016, una investigación descubrió que las mejores compañías habilitadas para ventas superaron a la competencia, en promedio, generaron el doble de los ingresos totales de la empresa y el doble del tamaño promedio de los negocios. Los vendedores habilitados para ventas también superaron ampliamente a sus competidores en la conversión de clientes potenciales.

¿Qué es el mercadeo de contenidos y cómo es diferente de la publicidad directa?

Existe una gran diferencia entre el contenido y el mercadeo de contenidos. Muchas empresas no reconocen la diferencia entre el mercadeo de contenido y el contenido de la variedad de publicidad directa / nativa, en particular. Pero los profesionales de todo el mundo comienzan a darse cuenta, y es importante que no se quede atrás.

El mercadeo de contenidos esencialmente aprovecha las oportunidades de medios y publicación; tanto en línea como fuera de línea; atraer consumidores e influir en su comportamiento al proporcionar a los televidentes información relevante de verdadero valor y sustancia. En los últimos años, el enfoque dominante del mercadeo de contenidos se ha centrado en las redes sociales. Los resultados han sido nada menos que dinámicos. *Ryan Skinner* brinda un discurso realmente informativo y profundo sobre el tema si le interesan los detalles de esta transición.

El mercadeo de contenido de calidad nunca debe aparecer como una interrupción percibida, o como un lanzamiento para una venta. La publicidad nativa o directa, por otro lado, consiste en contenido que es directo. Básicamente, el mercadeo de contenidos es una técnica de ventas *"pull"*, mientras que el contenido de publicidad directa es una técnica de ventas *"push"*.

El 70% de todos los profesionales de ventas entrevistados están utilizando herramientas de venta social; convirtiéndolos en la tecnología de ventas más utilizada de nuestro tiempo.

¿Por qué es importante el mercadeo de contenidos?

En la sociedad actual de ritmo rápido, es fundamental que pueda establecer conexiones reales y duraderas con su base de clientes. Su competencia está utilizando estrategias de venta social como el mercadeo de contenidos. El reconocimiento de la marca simplemente no es suficiente para generar ingresos estables.

El mercadeo de contenido se centra en atraer a una empresa a una audiencia muy específica previamente identificada y luego mantener al cliente involucrado activamente con la compañía a lo largo del tiempo. Esto se logra al proporcionarles contenido constantemente valioso que aborda sus puntos débiles y muestra su comprensión de sus necesidades particulares.

El 90% de los mejores profesionales de ventas ahora usan herramientas de venta social.

Al evitar la táctica del *'pushing'* y trabajar activamente para el *'pulling'*, los profesionales de ventas generalmente descubren que rápidamente comienzan a desarrollar embudos de ventas con ROI mucho más altos. Mientras que las tácticas de 'empuje' fueron efectivas en su propio tiempo, desde entonces han sido eclipsados por tácticas de 'atracción' más efectivas. Según Forbes, en su encuesta más reciente, *LinkedIn* descubrió que el 90% de los mejores profesionales de ventas indagados, ahora usan herramientas de venta social, y *el 70% de todos los profesionales de ventas están utilizando herramientas de venta social; convirtiéndolos en la tecnología de ventas más utilizada de nuestro tiempo.*

¿Cómo se usa exactamente el mercadeo de contenidos en las ventas sociales?

Hay varios pasos en el proceso del embudo de ventas que los profesionales de ventas y los especialistas en mercadeo realizan juntos para garantizar que maximicen su habilitación de ventas.

Son:

LA PARTE SUPERIOR: esta es la etapa inicial de filtrado de los indeseables; o partes desinteresadas. El contenido de mercadeo desarrollado para esta etapa tiene como objetivo simplemente crear conciencia de producto o servicio y dejar que las personas conozcan las soluciones que su equipo tiene para ofrecer. Este contenido se manifiesta más comúnmente en forma de publicaciones cortas en blogs, artículos y publicaciones en redes sociales.

EL MEDIO: una vez que ha seleccionado un público interesado que probablemente sea comprador, debe proporcionar a estos clientes información de mayor valor. El contenido de mercadeo desarrollado para este grupo de prospectos incluye publicaciones de blogs y cosas así, sin embargo, deben presentar información más específica y detallada. Otras opciones de contenido potentes para esta etapa incluyen infografías, estudios de caso, documentos técnicos, revisiones de productos o comparaciones, etc.

LA PARTE INFERIOR: la etapa final de su embudo de ventas es donde el cliente tomará sus decisiones de compra finales. Obviamente, su objetivo en este punto es cerrar el trato. Los vendedores de contenido que trabajan en esta etapa final de la venta proporcionan la información más detallada disponible; desde la investigación de la industria hasta presentaciones personalizadas que describen cómo su producto / servicio puede abordar sus puntos débiles.

Usar el mercadeo de contenidos como parte de su estrategia de venta social hace que sea mucho más conveniente y simple conectarse con su base de clientes ideal. Como dice *Pekka Koskinen*: *"Cuando sabes cuáles de sus temas publicados reciben la mayor atención de sus prospectos individuales más valiosos, puede interactuar con ellos con recomendaciones de contenido relevantes".*

Cómo la evolución de la tecnología está cambiando el proceso de ventas

A medida que cambian los hábitos de compra de los consumidores, también cambian las estrategias utilizadas para vender productos y / o servicios. En los últimos 10-20 años, los procesos de ventas han pasado por un torbellino de cambios dramáticos. Estos cambios han sido particularmente pronunciados en las áreas de mercado y tecnología. Tal vez es por eso que los *Millennials* tienen un 33% más de probabilidades de usar herramientas de inteligencia de ventas, que generan antecedentes e información de contacto sobre leads, que sus pares mayores.

Nuestra sociedad ha sufrido no solo una, sino tres revoluciones tecnológicas en este período relativamente corto; todos los cuales ejercen presión sobre el modelo de mercado tradicional para cambiar en previsión de los cambios en los hábitos de consumo.

- Revolución digital: el aumento en el acceso público a Internet y el uso del comercio digital en los años 90 y principios de 2000.
- Revolución social: la propagación viralmente rápida de las redes sociales y las plataformas sociales a comienzos de los años 2000.
- Revolución móvil: hoy en día, casi todos los que están en una posición de compra utilizan un teléfono inteligente y, literalmente, pueden buscar información sobre productos o servicios en cuestión de segundos.

Actualmente, hay un estimado global creciente de usuarios de redes sociales que casi iguala la mitad de la población mundial.

No hace falta ser un genio para darse cuenta de que debería aprovechar estas posibles conexiones con prospectos y pares por igual. Sin embargo, descubrir la forma de conectarse con las personas y hacer que esas conexiones realmente cuenten no es tarea fácil.

Aquí es donde la venta social entra en escena. Si no está practicando la metodología moderna de venta social, se estás haciendo un daño grave.

La Metodología Moderna de Ventas Sociales (un poco mejor explicada)

A principios de los 2000, la Universidad de Columbia Británica publicó un estudio concluyente que mostraba las correlaciones entre similitudes incidentales entre dos partes y la probabilidad de que se produjera una compra real entre esas dos partes. Esto condujo a la comprensión de que la conexión a nivel personal puede generar apalancamiento de ventas. Así nació el concepto de venta social.

Los profesionales de ventas de la época reconocieron que se trataba de datos importantes, pero muchos no estaban seguros de cómo usar esa información. Incluso hoy, cuando casi el 13% de todos los puestos de trabajo en EE. UU. son posiciones de ventas de tiempo completo, y cerca del 90% de los vendedores B2B de mayor rendimiento coinciden en que los medios sociales son uno de sus cinco principales embudos de generación de *leads*, solo un 70% estimado los profesionales de ventas en realidad usan herramientas de venta social; de acuerdo con el informe de estado de ventas más reciente llevado a cabo por *LinkedIn* que es una de las mayores autoridades globales en *social selling* y *content marketing*.

El autor y ex empleado de las potencias de ventas y mercadeo SAP y NIELSEN, *Michael Brenne*r comenta sobre IBM, diciendo que son "*considerados como el modelo moderno de las empresas sociales*". Después de su éxito inicial con el programa de capacitación en estrategias de ventas sociales que desarrollaron junto con los *Institutos de Mercadeo Digital*, IBM se abrochó y se enfocó en capacitar a toda su fuerza de trabajo global en su nuevo sistema de ventas sociales.

Pero, ¿qué es exactamente la venta social?

La venta social, en su forma más simple, es el uso de herramientas sociales en línea para buscar, investigar y luego involucrar a los prospectos con estrategias de construcción de relaciones. Uno de los aspectos más importantes de las ventas sociales es convertirse en una autoridad en los puntos débiles de sus clientes potenciales y luego mostrarles el valor relevante de su producto. Esto se conoce como una venta de valor; es el objetivo del mercadeo consultivo; o venta social.

La investigación exhaustiva muestra que la forma más efectiva de lograr todo lo anterior es proporcionar a los clientes potenciales un flujo constante de contenido experto a través de las redes sociales. Según un estudio realizado por *Nielsen*, "en promedio, el contenido experto elevó la familiaridad de la marca un ~90% más que el contenido de marca y un 50% más que las opiniones de los usuarios; elevó la afinidad de la marca un 50% más que el contenido de marca y un 20% más que las opiniones de los usuarios; y levantó la intención de compra un 40% más que el contenido de marca y un 80% más que las opiniones de los usuarios".

¿Por qué la venta social debería ser importante para su negocio?

En pocas palabras, ¡debería preocuparse por la venta social porque funciona! Y ya sea que elija o no hacer esta movida audaz en el futuro de las ventas, será mejor que crea que su competencia se está involucrando en estrategias de venta social. Más del 70% de los profesionales de ventas usan herramientas de venta social, como *Twitter, LinkedIn y Facebook*.

Así que a menos que desee seguir el camino de las empresas que fracasaron debido a la falta de adaptación; como *Blockbuster* o *Kodak*; es mejor que comience a involucrar a sus prospectos con contenido y conversaciones significativas. La gente está hablando de su producto / servicio independientemente de si tiene una fuerte presencia en las redes sociales.

¡Participe, sea parte de esa conversación y empiece a hacer conexiones significativas con sus clientes hoy!

~

Los 5 Beneficios del Uso del Contenido para Ventas Sociales

Ya sea que esté en ventas o en mercadeo, es absolutamente importante extender su alcance lo más que sea posible. Esto requiere un poco de pensamiento fuera de la caja. No es un secreto que Internet puede proporcionarle una gran cantidad de oportunidades publicitarias, pero es esencial recordar que algunas pueden ser más efectivas que otras. Esto es especialmente cierto cuando se trata de ventas y mercadeo. Al combinar contenido de video efectivo con ventas sociales, podrá llegar directamente a sus posibles clientes y alentarlos a realizar una inversión.

Aquí hay 5 beneficios de usar contenido de video en sus ventas y estrategias de venta social.

1. Enfóquese en videos, no aun en lectores

Cuando se trata de esto, muchos consumidores simplemente se negarán a leer el contenido que usted ha escrito. Pueden leer el titular y algunas oraciones, y luego dirigirse a otro lado. El contenido de video por otro lado es mucho más difícil de ignorar. Por ejemplo, puede configurar el video para comenzar a jugar tan pronto como se cargue su sitio web. Si el visitante tiene sus auriculares o parlantes encendidos, el audio será imposible de ignorar. Esto garantiza que tomarán nota, aprenderán acerca de su producto y estarán interesados en saber más. La venta social se puede mejorar en gran medida con el contenido de video.

2. El video es más atractivo

Otra cosa para recordar es que el contenido de video puede ser más atractivo que las palabras escritas. El contenido escrito es una forma efectiva de comunicar su mensaje, pero el audio y el video pueden ser mucho más beneficiosos. Con video, puede hablar directamente con sus potenciales clientes potenciales y brindarles una demostración de sus productos y servicios. Esto hará que su contenido sea más convincente, al mismo tiempo que le demuestra al consumidor que su producto realmente funciona, lo que finalmente ampliará su cartera de ventas.

¿La mejor parte? El video y el audio brindan la menor resistencia al consumidor. Se requiere muy poco esfuerzo para consumir dicho contenido.

3. Nuevos canales de publicidad

Es posible difundir contenido escrito a través de Internet con gran efecto, pero nunca debe ignorar el poder del mercadeo de video. YouTube recibe aproximadamente 5 mil millones de visitas cada día, y casi el 80% de las personas ven al menos un video de YouTube cada semana. Si ignora el contenido del video, estás ignorando por completo estos posibles clientes potenciales. Con ventas sociales y contenido de video, podrá difundir sus videos a través de una mayor cantidad de canales y directamente a sus clientes potenciales a través de las redes sociales.

4. El video cuenta una historia

También es importante recordar que el video te permite ser creativo. Al utilizar su imaginación y dejar fluir su creatividad, podrá crear videos muy efectivos para sus productos y servicios. Con el contenido de video, puede obtener la simpatía de los consumidores y hablar con ellos en un nivel más íntimo. La narración de historias puede ser una forma efectiva de entretener e influenciar a sus espectadores. Jugar con las emociones del consumidor es realmente uno de los *hacks* de ventas más efectivos que puedas usar. Así que asegúrese de utilizar estas tácticas de venta para enganchar al consumidor y guiarlo suavemente para que invierta en sus productos o servicios.

5. Las redes sociales adoran el video

Finalmente, debe recordar que los videos se comparten con mayor frecuencia en las redes sociales en comparación con el contenido escrito. Las actualizaciones de estado en *Linkedin*, *tweets* y publicaciones de blog tienden a recibir más *likes* y acciones cuando contienen video. Al insertar videos en su contenido de redes sociales, podrá reforzar su campaña de mercadeo y aumentar el alcance de su audiencia.

Nunca olvide que el intercambio en las redes sociales tiene un efecto exponencial. Una sola acción <u>puede generar 10 acciones más</u>, y así sucesivamente. Este es precisamente el resultado que desea si desea comercializar sus productos directamente a los consumidores a través de las redes sociales.

~

LINKEDIN EN EL CONTEXTO DEL SOCIAL SELLING

La Técnica del Espejo Funciona en la Era de Linkedin

Los profesionales de ventas cada vez encuentran más valor en la construcción de su propia cartera a través de la venta social. Sin embargo, ¿qué significa eso para las tácticas de ventas heredadas que se han usado durante décadas?

El "espejo" como táctica de ventas es ancestral, la duplicación implica la adopción de comportamientos físicos y verbales de un cliente potencial. Cuando se usa apropiadamente, puede ayudar a establecer una buena relación con el cliente potencial a través del lenguaje corporal y los patrones discursivos conocidos. Los vendedores dotados pueden reflejar sin problemas los comportamientos de sus clientes potenciales y eliminar las sospechas iniciales del campo de juego.

La duplicación conlleva una connotación negativa para algunos, que perciben la táctica como poco sincera. Sin embargo, la mayoría de los profesionales de ventas creen que reflejar es simplemente hacer pequeños ajustes para generar una mayor comodidad con la prospecto. Eso es esencialmente lo que hace el reflejo efectivo: muestra que respeta sus prospectos y sus formas preferidas de comunicación.

Para la venta social, el reflejo se convierte en una táctica donde los vendedores adoptan los comportamientos sociales de la audiencia potencial.

Aquí hay 4 formas en que puede aprovechar la técnica del reflejo para ayudar en el éxito de ventas sociales.

- Preste atención a lo que su prospecto está compartiendo.

- Estudie la actividad social de su candidato, esto le brinda una gran idea de sus preferencias, gustos, deseos e intereses. Su compromiso es investigar; por lo tanto, preste especial atención a las acciones, los comentarios, etc.

- Busque intereses mutuos que pueda analizar durante una presentación.

- Comuníquese en canales preferidos por el cliente potencial.

¿Dónde están sus prospectos pasando más "tiempo social"? ¿Se están comunicando con sus pares de la industria a través de *Twitter*? ¿Con frecuencia recorren las discusiones grupales de *LinkedIn*? Use esos canales como sus herramientas de duplicación y adopte estilos de comunicación similares dentro de ellos. Recuerde ser natural con esto: los prospectos generalmente pueden indicar cuándo está fingiendo interés.

Lea sus recomendaciones

Esta es la mejor manera de identificar las cualidades que valoran sus clientes potenciales. Obtenga información valiosa sobre sus intereses leyendo sus propias recomendaciones escritas. Luego, consulte a las personas recomendadas para ver si tiene alguna conexión con ellos: podría ofrecerle una nueva ruta de referencia a su cliente potencial.

Refleje su Lenguaje

Estudie las palabras que usan sus prospectos en las redes sociales: la jerga, la jerga de la industria y las frases que los diferencian de los demás. No tiene el beneficio de las señales físicas o verbales como guías, así que confíe en una mejor opción: sus propias palabras. Una vez que haya identificado cómo se refieren a determinados temas de la industria, hágalos gradualmente en su propia comunicación para establecer una conexión más rápida.

Si está enviando un email estratégico a un cliente potencial, este es un gran lugar para aprovechar la información que ha adquirido para hacer una conexión rápida a través del asunto y en la apertura de su comunicación.

A medida que las ventas sociales son cada vez más adoptadas por los profesionales de ventas, las tácticas antiguas requerido nuevos prospectos. Es posible que no pueda ver o escuchar a sus clientes potenciales en las redes sociales, pero aún puede usar el lenguaje y el compromiso para obtener un conocimiento valioso.

~

"Cómo Conocí Mis Prospectos" (HIMMP) en Redes Sociales como Linkedin

El final de la serie de *Cómo Conocí a su Madre* (HIMYM) salió al aire después de nueve temporadas exitosas. *Ted Mosby*, el personaje principal, cerró la historia que les ha estado contando a sus hijos durante la última década. Al despedirnos del elenco, incluyendo a "La Madre", se nos recuerda que contar historias puede ser un factor poderoso en las ventas.

Puede canalizar su *alter ego* de *"contador de historias"* durante el proceso de venta, utilizando redes sociales especializadas como *LinkedIn* al establecer el escenario para usted y sus clientes potenciales.

La narración de historias como una estrategia de ventas puede manifestarse con estas 3 prácticas:

Práctica práctica práctica

Vender con historias puede ser difícil de realizar sin una extensa práctica. Comience con un propósito que se vincule directamente con los puntos de dolor o las necesidades de su cliente potencial. Involucrarlos directamente en su historia aumentará su credibilidad para contar historias, especialmente si ha terminado su investigación en sus perfiles personales o profesionales y páginas de fans o de empresa en redes sociales. La práctica es perfecta en la narración de historias y en las ventas.

Centrarse en los detalles

Los detalles hace que una historia se convincente. Los detalles importan, especialmente cuando una gran venta está en juego. Saque datos o detalles disponibles en las redes sociales para identificar las fuerzas impulsoras del cliente potencial antes de hacer la conexión inicial que ayudará a crear una mejor historia.

No leea secuencias de comandos o de un "teleprompter"

A menos que esté viendo *Saturday Night Live*, no verá actores leyendo de una tarjeta de referencia o guión mientras filma. Crear viñetas para guiar su historia es una buena práctica, pero no se vea limitado por un guión completo o un discurso ensayado. Esta es la principal ventaja de las redes sociales en las ventas: hay menos posibilidades de aparecer desconectados o ensayados en los grupos potenciales cuando la información se encuentra en tiempo real. Intente poner a prueba sus habilidades narrativas en grupos y mantenga actualizados sus perfiles en redes sociales para reflejar su historia.

La historia de *How I Met Your Mother* ha terminado como muchas series, pero aún es posible tomar lecciones del elenco con nuestras habilidades para contar historias.

~

Considere Acelerar su Pipeline con el Navegador de Ventas, la Herramienta Complementaria de "CRM" en Linkedin

Según un desglose demográfico reciente de *Business Intelligence, LinkedIn* tiene una base de usuarios orientada naturalmente al *Social Selling* y por consiguiente al Social CRM. / ¿qué hace una herramienta como *Sales Navigator*? *"Faculta a los profesionales de ventas para establecer y desarrollar relaciones con clientes y prospectos"*. Lo más importante para que los vendedores pueden usar *Sales Navigator* para identificar a los que toman decisiones. Está diseñado para simplificar y automatizar el proceso de clasificación a través de una gran cantidad de clientes potenciales que eventualmente se reducen a una lista de recomendaciones de clientes potenciales de la más alta calidad.

Estos son algunos pasos recomendados en el uso de *Sales Navigator* para complementar el uso de su CRM preferido:
1. Identificar palabras clave de búsqueda
2. Usar Filtros
3. Salvar Prospectos
4. Guardar Búsqueda
5. Guardar Cuentas
6. Monitorear Etapas del Proceso de Venta

~

REFERENCIAS

You Can't Handle the Creative

*http://www.linkedin.com/today/post/article/20
140225195147-3154163-you-can-t-handle-
the-creative*

Surviving a Conference Call

*http://online.wsj.com/news/articles/SB100014
24052702304610404579405221066665830*

What People Look for in Great Leaders

*http://www.linkedin.com/today/post/article/20
140225141353-279253783-what-people-look-
for-in-great-leaders*

LinkedIn in China: Connecting the World's Professionals

*http://www.linkedin.com/today/post/article/20
140224235450-22330283-linkedin-in-china-
connecting-the-world-s-professionals*

Apparently, Organizational Culture is Crap

*http://www.linkedin.com/today/post/article/20
140228061357-8294964-apparently-
organizational-culsure-is-crap*

To Get Honest Feedback, Leaders Need to Ask

*http://blogs.hbr.org/2014/02/to-get-honest-
feedback-leaders-need-to-ask/*

Job Hunting? Dig Up Those Old SAT Scores

*http://online.wsj.com/news/articles/SB100014
24052702303636404579395220334268350*

Box CEO: How will your company compete in the information economy?

http://tech.forsune.cnn.com/2014/02/27/box-ceo-how-will-your-company-compete-in-the-information-economy/

Women as Bosses Still Face Bias

http://dealbook.nytimes.com/2014/02/21/women-as-bosses-still-face-bias/

5 Myths about Introverts and Extroverts at Work

http://www.linkedin.com/today/post/article/20140218125055-69244073-5-myths-about-introverts-and-extraverts-at-work

Respect Is Earned, Not Inherited

https://www.linkedin.com/today/post/article/20140218195457-27700733-respect-is-earned-not-inherited

How to work with untrustworthy peers

http://www.linkedin.com/today/post/article/20140302233721-117825785-how-to-work-with-untrustworthy-peers

Best Advice: Ambition is a Part of Femininity

https://www.linkedin.com/today/post/article/20140225115204-251240351-best-advice-ambition-is-a-part-of-femininity

A Top Read - Leadership Amazon Style.

*http://www.linkedin.com/today/post/article/20
140227003110-34901571-a-top-read-
leadership-amazon-style*

10 Telltale Signs Of An Extremely High Performer

*http://www.businessinsider.com/signs-of-an-
extremely-high-performer-2014-2*

Three Critical Skills Today's Leaders Need

*http://www.linkedin.com/today/post/article/20
140221090327-221472969-three-critical-
skills-today-s-leaders-need*

14 Simple Rules To Become The World's Fastest Company

*http://www.linkedin.com/today/post/article/20
140220193318-175081329-14-simple-rules-
to-become-the-world-fastest-company*

Building An Effective Leadership Development Plan

*http://www.linkedin.com/today/post/article/20
140223233804-29149456-building-an-
effective-leadership-development-plan*

Develop Strategic Thinkers Throughout Your Organization

*http://blogs.hbr.org/2014/02/develop-
strategic-thinkers-throughout-your-
organization/*

Use This Leadership Style Sparingly
http://www.linkedin.com/today/post/article/20
140220155830-117825785-use-the-
pacesetting-leadership-style-sparingly

~

How to Be Found on LinkedIn
 Whether you're mastering social selling, making
yourself easier for future employers and clients
to find, or recruiting top talent, it pays to be a
LinkedIn power user. But do you know how to
be found on LinkedIn? The trick is in
understanding how LinkedIn works and how
you can take full advantage of the search
algorithm.
http://www.business2community.com/linkedi
n/found-linkedin-0757559

**Want to Turbocharge Sales in 2104? Use
LinkedIn Properly**

I find it instructive that several sales people I know that use LinkedIn really well happen to sell two to three times as much as their peers. These super salespeople understand that LinkedIn can accomplish two things for them that they can't get elsewhere: They can find more prospects and they can use multiple methods to establish themselves and introduce themselves to the those prospects.

> *http://www.pcbdesign007.com/pages/zone.cgi ?a=97905*

Social Selling Best Practices
This is the principle that's critical to social selling, wherein transforming a potential lead into a solid connection is an accomplishment that leads to continuous referrals and an expanded network.

> *http://www.business2community.com/social-selling/social-selling-best-practices-0767546*

How 4 advisors achieved social media success
For instance, you're not likely to have much success by setting up a LinkedIn account and blasting your connections with sales meeting requests. Instead, try social selling. Below are four examples from real advisors.

> *http://www.advisor.ca/news/social-news/how-4-advisors-achieved-social-media-success-143531*

Social Selling: Connecting Is IN & Cold Calling Is OUT

If you need to focus on one resource, LinkedIn is the one today. If you and your key employees actively employ LinkedIn relationships, you will have many people within your sphere of influence and connections who could and would make an introduction for you. The main idea here is that not only should you become an active participant, but that you should also enable your team to build online relationships.

http://www.business2community.com/social-selling/social-selling-connecting-cold-calling-0770352#!uDK2f

Increasing sales by getting social

Most people will be using Facebook, Twitter or LinkedIn and small companies can take advantage. It's rubbish that social isn't about sales, he says. What's important is that the way you talk about your products or services remains engaging and on-brand.

http://www.nzherald.co.nz/technology/news/article.cfm?c_id=5&objectid=11198994

Social Media Can Power Your Sales Pipeline

Social selling is simply the integration of social networking into the sales process. Social media is an additional tool that sales people have at their disposal to help them connect with customers and close deals.

http://www.clickz.com/clickz/column/2327696
/social-media-can-power-your-sales-pipeline

Hot Discussion: Centralized Social Selling Team vs. Sales Teams with Social Skills

There are so many companies that understand "social" as the new "phone" – since many of us social selling advocates argue that cold calling is "dead"- and probably it is our own fault. Sometimes it feels like the easiest way to help them understand the new "social selling" concept.

http://www.business2community.com/social-selling/hot-discussion-centralized-social-selling-team-vs-sales-teams-social-skills-0774652

5 Tips for Selling Banking Products in Social Channels

Selling on social does not have to feel all slimy. Just make sure you coordinate your strategy and execute with buy-in throughout your organization – from management to front line employees. An initial goal could be booking one new meeting using LinkedIn within a week. These goals and the follow-up with your teams will produce results as competition rises and successes are shared.

http://thefinancialbrand.com/36735/5-tips-selling-financial-services-social-media/

LinkedIn Groups - Your Secret Weapon For Sales Success [Infographic]
LinkedIn groups are by far the most powerful aspect of LinkedIn for your business.

> *http://www.business2community.com/infogra*
> *phics/linkedin-groups-secret-weapon-sales-*
> *success-infographic-0775603*

Daily LinkedIn Checklist For Your Sales Reps
Is your sales team taking advantage of LinkedIn? With over 200 million users, it's time to stop ignoring the largest professional social media network and start leveraging it to get more business.

> *http://www.business2community.com/linkedi*
> *n/daily-linkedin-checklist-sales-reps-0772546*

From Selling to Connecting: How to Leverage Social Strategy to Boost Sales
Did you know that the average consumer is exposed to 5,000 marketing messages each day (CBS)? To deal with this information overload, consumers are tuning out left and right: the average CTR for display ads is a mere .1% (*HubSpot*), average cold call success rates are about 2% at best (Marketing Success), and email CTR is at a dismal 3% in the US (SilverPop).

> *http://www.business2community.com/social-*
> *selling/selling-connecting-leverage-social-*
> *strategy-boost-sales-0772899#!wIf4z*

Question For The C-Suite: What's Your Capacity For Change?

Buzz words like Social Sales, Social Selling or Sales 2.0 reflect the change social media is having on the way people do business. What do CEOs think about Social Sales? My experience tells me they don't think about it at all.

http://www.business2community.com/social-selling/question-c-suite-whats-capacity-change-0776489#!wIgpr

Ways To Prospect New Customers Through Linkedin

Linkedin has drastically changed the way we conduct and perform business. *Linkedin* has certainly become a great platform for finding prospective customers. In order to discover the right kind of people that can serve as prospects, you need to make use of Advanced Search that is available on *Linkedin.*

http://www.business2community.com/social-selling/ways-prospect-new-customers-linkedin-0781637

The Habits Of Successful Social Sales People: Relationships Rule Everything

For many companies social selling is still relatively new. It's definitely picking up speed in the industry but some would argue that it's not yet in full swing. We're aiming to make social selling real for everyone.

The Future of Sales: 5 Predictions from LinkedIn's SVP of Sales, Mike Gamson
When *Mike Gamson* was initially courted by an old colleague and asked to join the budding team at LinkedIn he declined the offer. A few months later he was persuaded to make the flight from Chicago to Silicon Valley and there began his long-term, long-distance relationship with the professional networking market leader, LinkedIn. Currently *Mike Gamson* serves as the SVP of Sales at LinkedIn and as an advisor to Base.

Social Selling: 19 Steps To Social Selling On LinkedIn - Top Dog Social Media
Have you wondered where the ROI truly is with social media mercadeo? Learn the 19 steps to social selling in this detailed how-to guide.

How to get more sales from LinkedIn

Everyone who uses LinkedIn suspects they could get more from it, *saleswise*, if they could only knew how. Larry is a partner and chief sales officer of Sales Empowerment Group. He's generous sharing his knowledge.

http://www.bizjournals.com/phoenix/blog/busi ness/2014/02/how-to-get-more-sales-from-linkedin.html

10 Ways To Teach Your Customers To Buy From You

When it comes successful social selling and meeting your sales quota, being more like a car mechanic, instead of a car salesman, might be the key to your success.

http://www.business2community.com/social-selling/10-ways-teach-customers-buy-0789198#!xMAKP

Should You Connect With Competitors on LinkedIn?

Am I Better at Using LinkedIn Than They Are? I know who the prospects are in my sales territory so I am not learning anything new there. But I am learning what relationships my competitor probably has...and does not have. And that makes the connection with the competitor worthwhile.

http://www.pcbdesign007.com/pages/zone.cgi ?a=98403

4 Surprising Social Selling Stats That Might Change Your Sales Strategy
Furthermore, social selling is completely flipping our sales strategies and traditional approaches inside out creating a huge shift in terms of generating new sales, corporate customer relationships, reputation management, and customer intelligence.

http://www.business2community.com/social-selling/4-surprising-social-selling-stats-might-change-sales-strategy-0792314#!xMEuz

B2B Social Selling: Sales Megaphones or Conversation Drivers?
Over the past year, social selling has become one of the hottest topics. When combined with outbound prospecting, social selling can be a powerful selling method.

http://www.business2community.com/social-selling/b2b-social-selling-sales-megaphones-conversation-drivers-0794971

Is Your Competition Out Social Selling You On LinkedIn?

Social Selling Forensics. 15.1% of LinkedIn users are paying for advanced contact and searching feasures. You might be using a 'hand saw' (i.e., the free version) to build your relationships while your competition is using a 'power saw' (i.e., LinkedIn Premium) to get the job done more quickly.

> *http://www.business2community.com/social-selling/competition-social-selling-linkedin-0797121*

Should Sales Managers Coach Their Sales Reps on Social Selling Posts?
Given that social selling is still new to most companies and individuals, I'd argue that it warrants more, not less, coaching than other activities that reps have done for years.

> *http://www.business2community.com/social-selling/sales-managers-coach-sales-reps-social-selling-posts-0800251#!yYD5j*

How to use LinkedIn as a sales tool
As selling becomes more 'social', LinkedIn is a good vehicle to help business-to-business sales representatives better connect, engage and, ultimately, bring in new customer leads.

> *http://www.businessspectator.com.au/article/2014/3/5/technology/how-use-linkedin-sales-tool*

~

https://business.linkedin.com/content/dam/business/sales-solutions/global/en_US/c/pdfs/n/how-to-guide-to-social-selling-pdf-v2-us-eng.pdf

http://www.businessesgrow.com/2013/09/18/case-ssudy-how-i-made-47-million-from-my-b2b-blog/

http://www.triblio.com/blog/5-case-ssudies-social-selling-roi-sweet-spot/

http://www.salesforlife.com/sales-metrics/roi-social-selling/

http://www.salesbenchmarkindex.com/bid/94884/How-Social-Sellers-Build-Their-Pipeline-with-LinkedIn

https://www.linkedin.com/pulse/20131206192029-2633896-the-rise-of-social-selling

http://www.salesforlife.com/sales-metrics/social-selling-reduces-cost-per-lead/

https://www.linkedin.com/pulse/20140728184910-2633896-when-does-social-selling-just-become-selling

página intencional
-mente dejada en
blanco

ANDRÉS VRANT
PUEDE SER SEGUIDO y/o CONTACTADO
en Twitter como @MISTERTINTA o en LINKEDIN o en FACEBOOK
https://www.linkedin.com/company/andres-vrant/
https://www.facebook.com/andresvrant/

SOCIAL SELLING HACKER
ISBN: 9781081408268
...

www.ingramcontent.com/pod-product-compliance
Lightning Source LLC
Chambersburg PA
CBHW051221050326
40689CB00007B/759